"如何说客户才会听

如何说：每一次成功的交易都基于一次完美的沟通

章岩◎著

怎样听客户才肯说"

怎样听：你是在帮客户买东西，不是卖东西给客户

中国出版集团

现代出版社

图书在版编目(CIP)数据

如何说客户才会听，怎样听客户才肯说 / 章岩著 .
—2 版 . —北京：现代出版社，2016.2

ISBN 978-7-5143-4605-3

Ⅰ.①如… Ⅱ.①章… Ⅲ.①销售学 Ⅳ.①F713.3

中国版本图书馆CIP数据核字(2016)第 021047 号

作　者	章　岩
责任编辑	张桂玲
出版发行	现代出版社
通讯地址	北京市安定门外安华里 504 号
邮政编码	100011
电　话	010-64267325　64245264（传真）
网　址	www.xdcbs.com
电子邮箱	xiandai@cnpitc.com.cn
印　刷	三河市兴达印务有限公司
开　本	710mm×1000mm　1/16
印　张	17.5
版　次	2016 年 5 月第 2 版　2016 年 5 月第 1 次印刷
书　号	ISBN 978-7-5143-4605-3
定　价	36.80元

CONTENTS 目 录

上
说话就是生产力

第一章 销售就是见什么人，说什么话

> 成功靠腿，销售靠嘴。对销售来说，每一个环节都离不开嘴，每一次交易都是一场外交活动。用你的舌头引导客户从你这里购买尽可能多的产品。

第二章 磨刀不误砍柴工：
谈话前尽可能多地了解你的客户

> 《孙子兵法》说："知己知彼，百战不殆。"在进入谈话的正题之前，可以谈一些客户感兴趣的话题，以此来了解客户的爱好、兴趣和习惯，这个过程就如同投石问路。在谈话时，对客户恰到好处的提问，可以让你触摸到客户的需求，以及心理的蛛丝马迹，这样你就可以在销售的过程中做到有的放矢，达到磨刀不误砍柴工的效果。

第三章　成功销售，请一定要和陌生人说话

从立志做销售那天起，你就应该让自己一定和陌生人说话。在和陌生人说话的时候，不要急于求成，而是先把陌生人变成朋友，然后再由朋友变成你的客户，这样你的销售就会水到渠成。销售是一个慢工出细活的工作，切忌急功近利、操之过急！

第四章　"语言笨拙"有时胜过口齿伶俐

真正的销售高手，他们并不是口才冠军，甚至是一些语言笨拙、不善言辞的人，正是因为他们的不善言辞，才让客户对他们产生了信任感，用他们的真诚征服了客户的心。而那些口若悬河、夸夸其谈的人，因为他们过于夸张的口才，埋葬了他们的前程，让很多客户对他们避而远之，从而使自己的道路越走越窄！

第五章 销售中打死都不能说的6种话，
　　　　说了就可能被打死

我们常说"好话一句，做牛做马都乐意"，这句话告诉我们每一个人都喜欢听对方赞美、肯定自己的话。作为销售人员，在和客户沟通的时候，更要有所避讳。很多时候，我们仅仅因为对客户说了一句不该说的话，从而毁了一单生意，丢掉了一个客户，你后悔莫及，但覆水难收！所以，对于一些不能够对客户说的话，打死都不能对客户说！

第六章 95%的客户只相信"专家"

有95%的客户都相信专家，所以，和普通的销售人员相比，客户更愿意购买那些看起来专业的销售人员的产品。如果你还没有成为你所销售产品的"专家"，你就很难成为让客户相信的产品顾问。在销售自己的产品之前，先让自己成为客户心目中值得信赖的专家，这时，就会有越来越多的客户愿意购买你的产品。

第七章 学会讲故事让销售变得很简单

只会讲观点的销售人员无法生存，只会讲事实的销售人员也最多只是75分，而只有会讲故事的销售人员才是真正的优秀者。很多表现活跃，业绩突出，善于打交道的销售者，他们都善于给客户讲故事，并且用讲故事的方法为客户插上想象的翅膀，从而激发客户购买产品的欲望。

◆**下**

倾听胜过夸夸其谈

第八章 客户的话是一张藏宝图，顺着它可以找到宝藏

> 客户的话就是一张藏宝图，只要顺着它就可以找到我们需要的宝藏。一名优秀的销售人员，要善于聆听。不仅要善于倾听客户的需要、渴望和理想；还要善于倾听客户的抱怨、异议和投诉；更要善于听出客户没有表达的意思——没说出来的需求。

第九章 不要只听你想听的，更重要的是要听客户想说的

> 对于营销人员来说，倾听是最好的营销方式。我们在倾听的时候，不要只听你想听的，更重要的是要听客户想说的。
>
> 人人都有抒发自己见解和需求的欲望，而倾听成了我们对客户的最高恭维和尊重。一个十分挑剔的人，甚至是一名过于极端的评判者，他也能在一个能忍耐的倾听者面前屈服。

第十章 客户的反对意见不是恶魔，
而是了解客户的最佳时机

客户的拒绝不是打败我们的恶魔，而是了解客户内心需求的最佳时机。拒绝和成交一样，它们是一对分不开的恋人。

在这个世界上，并没有能够打击你的东西，只有那些容易被打击的人。在面对拒绝的时候，你一定要理清自己的头绪，正确地对待拒绝，并找到解决问题的办法。让自己勇敢地面对客户的拒绝，你最终就会抓住成交的机会！

第十一章 倾听的核心就是努力做到暂时忘我

真正的倾听，是建立在对别人的尊重、关心和全身心投入之上的。我们绝不能表现出貌似在认真听客户说话，而把心思放在其他的事情上，倾听的最高境界不仅仅是认真倾听，更重要的是忘我地去倾听。

第十二章 锣鼓听音——读懂客户话语背后的潜台词

> 俗话说"嫌货才是买货人"。从事销售工作的人一定要学会识别客户挑剔、拒绝背后的真正意图。无论面对什么样的客户，我们一定要开动脑筋，发挥思辨精神，锣鼓听音——读懂客户话语背后的潜台词。

第十三章 丢掉倾听中的7大恶习

> 倾听是每一位营销人员都必须具备的一种素质。但是，很多营销人员只是做出了倾听的动作，而并没有真正地把客户的话听进心里。
> 比如，你在听客户说话的时候，总是表现出不耐烦的表情；比如，你总是一边听客户说话，一边考虑自己的事情；比如，在和客户沟通的时候，你只是让自己假装在听，其实想趁机打岔说出自己的意见……

第十四章 销售中80%的业绩都是靠耳朵来完成的

古希腊思想家苏格拉底说过：上天赐予人以两耳两目，但只有一口，就是使其多见多闻而少言。

在销售中，营销人员80%的业绩都是靠耳朵来完成的。倾听是营销人员对客户能做的一个最省钱的让步，更是订单不请自来的有效助力。只要营销人员能从客户的倾诉中感知客户的内心，从客户的需求出发，抓住客户的"辫子"，适时出击，就必定能够在营销的道路上走得更远。

说话就是生产力

第一章

销售就是

见什么人，说什么话

☆

成功靠腿，销售靠嘴。对销售来说，每一个
环节都离不开嘴，每一次交易都是一场外交活
动。用你的舌头引导客户从你这里购买尽可能多
的产品。

好胳膊好腿，
不如一张好嘴

民间有句俗语说："好胳膊好腿，不如一张好嘴。"对销售人员来说，你一天跑两百公里，在公交车上耗费的时间可能占三四个小时，与客户进行交流的时间只不过是几十分钟，但是那几十分钟的交流才是最重要的。其他都是辅助，只有口才决定了你是否能够说服客户。

有个年轻人到一家大型的百货供应公司应聘销售员，老板让他先试干一天，再决定是否留用。傍晚下班时，老板问他做了几单买卖。他说："只有一单。"老板很失望，因为别的销售员可比他勤快多了，每天从早忙到晚，平均都能拿下六七个单子！看来这家伙实在够懒的！可以让他走人了，就漫不经心地问："你这一单多少销售额啊？"

没想到年轻人回答："30万美元。"老板顿时惊呆了，半天才回过神来，有点不相信地问："30万……你卖了多少货？"

"是这样的，"年轻人说，"有位先生需要鱼钩，但是并不确定自己应该使用什么样的鱼钩，因为他是新手，但他的空闲时间比较多，收入丰厚，对钓鱼很感兴趣。于是我告诉他，在海上或江面上钓鱼用的工具是不一样的。我卖给了他大、中、小号三种鱼钩和鱼线。还有鱼竿、鱼篓、折叠椅、遮阳帽。我问他去哪儿钓鱼，他说最想去海边，所以我建议他买条船，带他去了我们卖船的分公司，卖给了他一艘20英尺长，有两个发动机的帆船。"

老板已经听得目瞪口呆了，问："然后呢？"

年轻人接着说："那位先生的大众牌汽车拖不动这么大的帆船，我又将他介绍给汽车销售部门，卖给了他一辆丰田新款的豪华车。他很大方，而且他确实需要这些产品。"

老板有些难以置信："仅仅想买两个鱼钩的客户，你是怎么说服他购买这么多产品的？"

年轻人笑着说："不，老板，他只是从这儿路过，进来问我明天的天气怎么样，我说明天的天气很好，又是周末，干吗不去钓鱼呢？然后，我就把他需要的产品介绍给他了！"

这个试用第一天的年轻人，如何只用一个订单就签下30万美金的销售额呢？他成功于两个方面：一、对商机敏感的把握；二、出色的口才。

那些每天能签下7个甚至更多订单的销售员，他们只是低头干活，被动地应对上门的客户，当然抓不住那些潜在的巨大商机。

那个一下子买30万美元商品的男士，最初也许只是想问问天气，但年轻的销售员一眼就看出了他身上潜在的消费能量和消费需求：

他衣冠楚楚，身着名牌，气度不凡，说明他是高薪阶层，消费能力充足；

他询问天气，很可能是第二天想去某个地方休闲娱乐，但还没打定主意，有巨大的消费欲望；

他说自己是钓鱼新手，说明他还没购置钓鱼的全套器具，这是销售产品的大好时机；

他想去大海钓鱼，那正好需要一艘配得上他身份的游艇或帆船；

而他无法将船拉回家，又说明他需要一辆配套的汽车。

如果他需要，并且买得起，你甚至可以将波音747卖给他，并再为他承建一个现代化的机库！但是你必须拥有看到并且抓住这些商机的素质。这个素质就是你对客户的分析能力，以及与他进行深入交流的本事。

在产品的销售中，你多想一个环节，能够抓住的商机就可能更多。面对这样一个潜在客户，如果你不想，不问，不去关注客户的需求，那你能做的只不过是漠不关心地回复他一句"明天天气很好"，然后得到一个带有谢意的微笑。他转身走开了，带走的就是30万美元的没有机会变为现实的潜在订单。

销售的最终目的是成交，而成交的前提是你必须说服客户，让他下单和付款。销售就是成交之前的一切工作，如果没有成交，那么你的销售将毫无意义！

一个人的说话能力，是获得交易成功的必要条件。就像卡耐基所言："一个人的成功，约有15%取决于知识和技术，85%取决于沟通——发表自己意见的能力和激发他人热忱的能力。"当然，这所有的前提是，你的产品必须足够优秀，能够打动客户。

销售产品既是你的工作，又是你的人际交往。同形形色色的客户打交道，除了有一副健康的好身板，敏捷的思维、全面的知识、灵活的应变能力，才是你是否能在这行取得成功的关键。

你需要能言善辩，但又不夸大其词；你必须言为心声，给自己披上时刻为客户着想的外衣，却又能够达到目的，让客户从口袋里掏钱，把你的产品抱回家。所以说话就是生产力，见什么人说什么话，用你的舌头引导客户从你这里购买尽可能多的产品。

永远不要忽视语言的技巧。当你和客户交流时，哪怕可以多问一句话的机会，也不要错过。这是销售员的最基本素质。

成功靠腿，销售靠嘴。对销售来说，每一个环节都离不开嘴，每一次交易都是一场外交活动。你需要探知客户的背景(购买实力)，摸清客户的目的(购买兴趣)，还需要了解客户的购买要求(对产品的要求和价格的接受范围)。而这些，无一能离开你与客户的交流和互动！

专家指点

1. 销售并不是你凭力气挣钱，而是用舌头挣钱，能不能让客户心甘情愿地把钱给你，就看你没有没说服客户的本领。

2. 不要等客户主动告诉你他的需求，所有的商机都藏在你的提问之中！

销售高手懂得像医生那样
对客户"望、闻、问、切"

中医给人看病，对病人要全面地把握，弄清他体内的情况，然后再对症下药。销售亦如此，你要观察客户，了解客户，询问客户，从而判断客户的需求和心理，才能为你的产品打开一条销售的通道，找到交流的最佳办法。

真正的销售高手，他们从不背诵那些专业的营销知识，而是去研究人，研究客户。你需要揣摩的只有四点：望、闻、问、切。精通这四点，足够让你牢牢把握客户。

某知名摩托车企业人力资源培训部的主管李先生，给多家培训公司打了电话，要求他们提供一份销售类的课程清单，以便公司选择培训课程。这么大的生意上门了，众培训公司当然不敢怠慢，很快就将课程清单传真给了李先生。有的公司为了证明自己的实力，还没忘加上一些公司简介、培训师的师资简介，以及公司的实力品牌等证明资料，然后就满怀信心，静候佳音了。

但是有一家培训公司例外，销售代表陈先生接到电话后，并没有像其他的培训公司那样急于发出课程清单，而是直接打电话给李先生。

他说："我们非常理解您的要求，不过根据我的经验，在没有了解贵公司的具体需求之前，发给您资料只会浪费您的时间。另外，课程清单也并不能让您了解到培训课程本身的价值，这个您一定比我清楚。不如我先给您发一份《营销培训需求调查表》，您根据贵公司的实际需要，填好后发给我，我请我们的资深讲师跟您做一次详细的交流，然后我们再确定下一步如何做，您意下如何？"

李先生一听，很有道理啊！确实应该如此！马上就同意了，并对这位销售代表的细心与责任感非常满意。接下来，培训公司的讲师根据这份表格提供的信息进行了初步的需求分析，然后建议李先生与培训公司的人力资源主管做一下电话访谈，继续深入交流。

访谈结束后，培训公司以书面传真的形式给李先生做了回复，认为现有的信息离形成较高水准的《营销培训建议书》仍然有一定距离，提出进行面对面访谈的请求，希望该摩托公司的销售部经理、市场部经理和受训对象的代表一起参加。

当这一步完成以后，培训公司提交了一份非常全面的《营销培训建议书》给李先生。李先生看完以后大为感慨，因为这份建议书做得太细致专业了，可以说是量体裁衣，正好跟公司的需求对口。

然后双方签订了正式的合作协议，而且，这个合作是长久的。通过这样的了解和交流，陈先生与李先生还结成了不错的朋友，李先生又介绍了其他的大公司给该培训公司的负责人陈先生，使他的业务更加扩大了。

其他培训公司被动式地应付客户的需求，最终错过了这个机会。陈先生主动地与该摩托企业相关主管进行交流，深入询问，摸准脉门，掌握了客户的详细需求，做出了针对性的方案，当然会赢得这个大订单，还顺便拓展了业务，这是销售的至高境界。

何为销售高手的"望、闻、问、切"？

望：判断客户类型

中医的"望"，是四诊之首，分别是望神、望色、望体望舌，探查病人的身体状况，掌握病体的基本信息。销售的"望"，是察言观色，尤其对初次接触的客户，观察他的面部表情，言谈举止，穿衣打扮，每一个细节动作，对他的身份、需求和心理做出初步的判断。

衣服着装，言谈举止，可大概判断他的收入水平，职业范围，文化程度，兴趣爱好。还能对客户的消费类型进行定位，他是理智型、冲动型、感性型，还是习惯型、多疑型或专业型，从而摸清他的消费动机和消费心理，确定下一步的接触应该采取什么样的策略。

面部表情，可以看出他的心情如何，也可以知道他是来咨询，还是打算立即就买。如果客户面无表情，脸色不佳，那在打招呼时，就要多加注意，谨慎至上，因为他可能心情不好。

闻：倾听客户的要求

闻就是听，收集客户本身以及客户周边的信息。中医是通过听病人说话和呼吸，进一步判断他的病情。而销售，则要善于倾听和琢磨客户所说的每一句话，从他说的话中判断他的要求，了解他的经历、心情乃至性格。

一个优秀的销售员，不仅应该能说会道，口才绝佳，更应该擅长倾听。因为你与客户的交流是双向的，你不用心倾听客户说话，只是将自己的产品介绍得天花乱坠就像在战场上找不到目标就乱放枪，这是毫无用处的！

当客户说话时，不要打断他的话，应该让他尽情地说。你能做的就是适时提问，引导谈话的深入，在此过程中你的首要任务是搜索对你有用的信息，在脑海中汇总，为下一步介绍产品找到突破口，做好铺垫。

乐于倾听的人，更容易获得客户的信任和好感。因为销售并不只是一门生硬的生意，它还是你与客户的一次生活交流。在卖给他产品之前，先成为他忠诚的倾听者！

有位销售员，到一家工厂宿舍销售化妆品。在这里工作的女孩收入较低，并不经常购买化妆品，能够接受的价格也不高。她在宿舍走廊转了半天，也没卖出去一件，就在她准备离开时，突然听到旁边经过的一个女孩的说话声，一听口音就知道这女孩是自己的老乡。

她怎么舍得错过这样的良机呢，于是就和女孩亲切地攀谈起来，聊了许多家乡的趣事。聊到最后，女孩主动帮她向工友销售产品，结果一下子就卖出了二十多盒。聪明的销售员还特意打了折扣，和这些女孩约好，以后需要化妆品的时候，就给她打电话，她一定提供低于市场价格的产品。

由此可见，"听"是多么重要的一项素质！现在很多销售员，对客户不闻不问，总是被动地等待业务，消极地应付，业绩自然不会理想！

问：询问客户需要

中医的问诊是，医生询问病人发病的时间、具体症状等等。只有"望"和"闻"是不够的，还需要询问详细的病情。销售的过程同样如此，会有超过一半的时间用在对客户的询问式交流方面。而且询问的时间越长，你得到的信息越多，你成功的机会也就越大。

如何询问？循循善诱的提问是一种重要的方式，因为并不是每位客户都是滔滔不绝的演讲家，大部分客户很难做到在没有引导的情况下，将自己的需求一次性讲清楚。

通过提问引起客户谈话的兴趣，进一步了解客户的购买欲望和消费能力。如果你运气好，还可能收获更多，比如前面说到的那位第一天上班就卖出30多万美元商品的百货公司销售员。提问也要有技巧，甚至要讲点艺术性。有的客户，你需要直截了当；而有的客户，却需要你旁敲侧击。

对客户的询问方式，没有千篇一律的格式可以遵循，而是因人而异。一切取决于你对客户的判断，以委婉谦和、平易可亲为原则，切忌引起对方的反感。如能在与客户谈话的过程中建立一种亲善关系，你就已经成功了一半。比如有的卖场和公司会在客户购物10天后，主动打电话，询问产品的使用情况和客户的满意程度，一下子就拉近了双方的距离，为今后的销售打下了良好的基础。

切：根据信息做判断

"望、闻、问"是基础，"切"是最关键的一步。中医的切脉，根据脉象的变化来判断病情。销售的"切"，则是根据上述三步得到的信息，进行汇总分析，对客户做出最全面的判断：他的购买欲望、购买力、对产品的要求以及其他各种信息。

有了这一步，你才能够有的放矢，采取合适的策略去推介产品，让客户接受。因为你已经掌握了客户的特点，他最关注什么，有什么顾虑，购买力如何，只有了解了所有的信息，你才可以对症下药。

美国有一个优秀的保险业务员，可以做到了解客户的一切生活细节，比如客户抽什么牌子的烟，喝什么品牌的酒，常去哪家餐厅吃饭，最喜欢的旅游景点，最爱看的书籍和电影等。

得到如此多的信息，他们并没有动用私家侦探，事实上，也无此必要，只要用心去交流，做到望、闻、问、切，你也能轻松获得客户的所有信息，并顺利地拿到订单。

专家指点

1. 销售就如同医生给病人看病，只要精通望、闻、问、切四种本领，就可以药到病除，牢牢地抓住客户。

2. 尽可能多地了解客户，并做到因人而异，你就可以在销售中百战百胜、万无一失。

用好销售的"七把刷子"：
说、学、逗、唱、喊、叫、专

相声中有"说、学、逗、唱"，堪称四绝，缺一不可。不会这四项绝技，就说不了相声。销售则有七把刷子："说、学、逗、唱、喊、叫、专"，这是现代营销的七把护身宝剑，也是七柄开山大斧。如果能够用好销售的七把刷子，你的业绩定不会差！

第一把刷子：说

"说"是沟通与反馈。口才要好，善于沟通，并且反馈客户与自己产品的信息，在产品与客户之间起到桥梁的作用。不会说的人做销售，就是摆设。想成为销售高手，首先要学会说话。但说得太多、太急也不行，对不同的人、在不同的场合，需要说不同的话。

第二把刷子：学

"学"是学习，创新。任何行业的从业人员，守旧都没有未来，营销与销售亦不例外。社会每天都在变化，新生事物层出不穷，只有不断接受新概念、新理念，洞察新潮流，掌握人们消费心理的新趋势，发展新的销售策略，才能长久立于不败之地。一个营销人，对产品知识和专业知识的学习，应该持续不断；对销售办法的创新，也应该时刻钻研。

第三把刷子：逗

"逗"不是相声的逗乐，而是思路与计划。我们平时不管做什么事情，都会预先有一个计划才能做得好，销售也不例外。一个产品的营销策略，能否满足市场？可否征服客户？都需要完整的销售思想来支撑。通过详细的计划，完美的构思，将每一个细节都做到位，组合在一起，才能找到突破口，击败竞争者，占领市场。一个好的营销人，他必须是一个严谨的哲学家，同时还必须是一个富有创造力的艺术家，两者的结合，才能构建出战无不胜的营销体系。

第四把刷子：唱

"唱"是包装，是形象。这里有两层意思，一是包装产品，二是包装自己。对现代营销来说，销售员的个人形象、产品形象和企业形象，三者之间密不可分。怎么通过出色的包装，打造一个完美的共同体，是一项尤为重要的能力。一个优秀的销售员，不仅能卖出大量的产品，还会给客户留下很独特的个人魅力。所以，产品需要包装，销售员自己也需要包装。现实中，很多客户并非不喜欢某件产品，而是对销售员的印象不佳，引起了他的反感，从而拒绝购买。

第五把刷子：喊

"喊"很好理解，就是宣传。老王卖瓜，自卖自夸。销售一种产品，必须懂得如何宣传和推介，让尽可能多的客户知道它，了解它，喜欢它，挖掘潜在的消费群体。所以，"喊"是现代营销人必不可少的利器。如何喊？满大街叫卖吗？绝不是！像一些保险业务员在公交车上逢人就叫卖、朝乘客的口袋里硬塞广告单的做法，绝不可取。宣传，必须做到"随风潜入夜，润物细无声"，不让客户反感，还要达到效果。要根据产品的具体特性和市场情况，确定有效的宣传方式。

第六把刷子：叫

"叫"就是激情，是煽动情绪的一种独特手法，是对客户动之以情的能力。介绍产品，要学会趁热打铁，在客户徘徊于买与不买之间时，见缝插针，以动情的口才促使客户下购买的决心。销售人必须懂得此道，而且要用得恰到好处，在关键时刻推客户一把！

第七把刷子：专

"专"是指专业、耐心与毅力。术业有专攻，作为销售人员，对自己的产品一定要精通，大到性能、用途，小到每一项功能的具体应用，产品的研发历史、未来前景，以及与同类产品相比较的优劣，都要了然于胸，随时可以娓娓道来，解决客户的一切疑虑。销售员如果不专不精，那么前六把刷子都是无用之物，客户得不到自己最需要的信息，就不会相信你，就算你前面做得再好，也是白费！

专家指点

1. "说、学、逗、唱、喊、叫、专"，就如同销售中的七把宝剑，拥有了它，你就可以在销售中做到攻无不克、战无不胜。

2. 销售并不是赤手空拳地横冲直撞，而是需要你具有一定的销售本领。

用善意的谎言
打动客户

有一个经典的故事，说的是一位石油勘探者死后准备进入天堂，但是上帝拦住他，告诉了他一个糟糕的消息："天堂的座位是有限的，你们石油从业者的座位已经满员，不好意思，你不能进去了！"他听后，就对上帝提出一个请求："亲爱的上帝，您能让我进去跟这些住在天堂的同人讲一句话吗？"

上帝心想，就满足他这可怜巴巴的请求吧。于是，这位石油勘探者站在天堂门口，对着里面的人大喊一句："各位同行，地狱里面发现石油了！"话刚说完，天堂里面所有的石油从业者都冲了出来，前呼后拥地奔向了地狱。上帝看到这种情况，只好请他住进天堂。但这位石油勘探者犹豫不决地回望了一眼，说："不，我想，我还是和那些人一起到地狱去看看吧，说不定真有石油呢！这可没准！"

这个故事表明了谎言的心理作用。谎言重复1000遍，它就变成了真理。哪怕这个谎言是你自己创造的，你也可能会屈从于它。

在销售中，适度而且合理的谎言，可以提高产品的形象，迎合客户的心理需求。通过略为夸张的包装和宣传，还能够起到羊群效应，让客户在生活中成为点对点的宣传者，最终让品牌形象深入人心。

有个人去面试销售员，洋洋洒洒写了一大通简介，递了上去。不一会儿，经理面带微笑地来见他："你的简历上所说的都是谎言，我喜欢！欢迎加入销售部！"

这个夸张的小故事，非常准确地点明了销售从业人员必须具备的一项素质：说谎的能力。诚信，当然是我们做人的根本，是基本的人格体现。但合理的"谎言"是销售不可缺少的技巧。

马克·吐温有一句话说："世上有三种谎言，第一种是谎言，第二种是蹩脚的谎言，第三种是调查数据。"可见谎言也分等级，前两种很轻易就能被人戳穿，弄巧成拙，是不可取的方式，只有经过包装的第三种谎言，才会起到预期的效果。

世界上没有任何一种调查数据是完全诚实的，销售的艺术也是如此。善意的谎言可以增加产品的魅力，避免很多不必要的问题。

比如当前的笔记本电脑市场，很多中低端产品的价格已经低至3000元到5000元之间，柜台前，销售人员总是满脸痛苦地对客户说："不能再低了，现在卖一台笔记本，已经不赚钱了，完全是无利销售。"

一款原价5000元的笔记本，现在降到4000元，打出"薄利"乃至"无利"的宣传口号。给人的感觉，笔记本终于低下了昂贵的头。消费者在购买时，在心理上也就更容易接受。但是实际上，笔记本电脑的利润空间仍然非常合理，销量也增加了4%～7%。厂家的营销策略醉翁之意不在酒，而是通过这种价格"谎言"，以低价机型带动人气，塑造平价形象，提升的则是整个品牌的价值，从低端到高端机型，从柜台销售到售后维修服务的利润，都能得到增加。

美国著名的销售员乔·吉拉德说："诚实，是销售的最佳策略，而且是唯一的策略，但绝对的诚实却是愚蠢的！"

那么诚实与谎言的使用原则是什么呢？

客户可以查证的事情必须诚实。比如你销售的汽车有六个缸，就绝不能告诉客户这辆车有八个缸，否则只要车主掀开车盖，数数配电线，你就死定了。

对客户适度的赞美，需要谎言。夸赞客户的小孩是"世界上最帅、最聪明的孩子"，客户会非常高兴，哪怕那个小孩长得奇丑无比。看到客户漂亮的手提包，敏感的销售员会认出这是哪个国家的牌子，是经典款还是最近非常流行的，适时送上夸赞式的点评："您这个包真漂亮！我早就想买一个了，可一直没有机会呢！"客户听了会充满成就感。每个人都喜欢听奉承话，喜欢被人羡慕。善于称赞客户的销售员，能够很快消除陌生感，利于生意的成交。

对产品合理的包装，需要谎言。有一个人专做旧汽车的生意，客户向他询问自己的车还能卖多少钱时，他张嘴就说实话："这是辆好几年的破车了。"他说的是实话，结果客户扭头就走了。另一家旧车公司的销售员，面对同样的问题，却说："这辆车能开上10万公里，您的驾驶技术简直太好了！我想它保养得也非常不错！"客户很开心，马上按销售员的价格把车卖掉了。然后这位销售员又将车转手卖给了另一位客户，那是一位大学生，需要一辆代步工具，销售员说："虽然它看起来不怎么时尚，却很结实耐用，尤其它的古典外形，却是现在人们正追求的复古风格呢！"大学生二话没说，把车开走了，这位销售员狠狠地赚了一笔。

善意的谎言可以打动客户，也可以提升产品的价值。只要不夸大事实，不盲目吹牛，不偏离产品基本的使用价值，掌握好分寸，谎言就能成为你的销售利器，让你的客户越来越多。

专家指点

1. 诚实是一种美德，但绝对的诚实就是愚蠢！

2. 当你把谎言重复1000遍，并让自己也相信这是真理时，它就真的变成了真理。

学着用客户的
说话方式说话

有个玩具店的销售员，迎来了一位看上去愁眉不展的男士，在玩具展台前瞧来瞧去，拿不定主意。销售员赶紧走过去，彬彬有礼地发出试探的信息："先生，您好，是给小孩买玩具吗？"

客户说："是的，我也不知道该买什么样的，现在的小孩真是难伺候极了。"不经意的回答，尤其是最后一句，让销售员的心里顿时兴奋起来，马上就接着客户的话题说："是呀，尤其是10岁以前的小男孩，好像什么都满足不了他，当爸爸的可真是费脑筋呢！"

"太对了！我觉得爸爸是世界上最累心的角色了！"男士好像一下子找到情绪的发泄口，抬起头，跟销售员聊起他8岁的儿子，说他是多么的调皮，买的十几个五颜六色的气球，一会儿就扎破，给他买画册，也全给撕坏了，不管什么玩具，都玩不了几天，特别淘气。

销售员听到这里，顺势拿起一款玩具飞碟，向他推荐说："以我多年跟小孩打交道的经验看，这种飞碟一定适合您的孩子。"她一边说，一边打开玩具飞碟的开关，拿起遥控器，熟练地操纵着，强化着自己的语气："这种玩具飞碟，玩起来特别有趣，不像气球或画册，看两眼就没意思了。您的孩子很聪明，对新鲜玩具肯定是一学就会，所以，这种操纵较为复杂的飞碟，他一定能够长时间的喜欢，这样您就不必为了寻找更新更好的玩具而费心了。而且，还可以从小培养他强烈的领导意识呢！"

介绍产品的时间用了两三分钟，言简意赅，符合这位男士的期待心理。果然，客户马上就问："多少钱？"销售员说："100元，赠送两个遥控器。"男士皱了皱眉头，犹豫地说："太贵了！"

销售员用亲和与理解的口吻，笑着说："的确，现在市场上很多同类的玩具都太贵了，在一些店里，这款玩具卖到了150元呢！孩子的玩心足，做爸爸很费心呀！每年在玩具方面的花费，就是一笔不小的数目！这样吧，价格给您降到90元，您看可以吗？"

看到销售员这么善解人意，男士爽快地答应了，买了一套玩具飞碟。在即将出门时，他转身回来，又购买了两辆遥控小汽车，留下了电话号码，并且对销售员说："谢谢你的建议，我今后一定多给他找一些耐玩且益智类的玩具，希望你也帮我留意一下，有新的玩具到货时，及时给我打电话。"

销售员认真地记下客户的电话，递上了自己的名片，最后又特意叮嘱客户："现在市场上很多玩具质量都不好，如果您从本店购买的玩具发现了质量问题，三天之内可以凭借发票无条件更换、退货。"

这位客户是缺乏耐心的爸爸，因为孩子对玩具喜新厌旧，让他不胜烦恼。销售员巧妙地抓住了他这一心理，站在他的立场上，用替他解决问题的方式，向他推荐本店合适的产品。客户此时也许已对玩具有了逆反心理，站在玩具店里不知道该买什么好，突然听到销售员这么体贴入微的话，大有同感，自然就产生了认同心理。

接下来，就是推荐产品的绝佳时机了。而且，在介绍产品的过程中，销售员时刻站在客户的角度，提醒他注意产品质量，替他说出心中的牢骚。当客户对价格不太满意时，她首先做的不是为自己产品的价格辩解，而是主动降价，并借机暗示市场上的同类产品价格极高，掌握了销售的主动权。

说话时投其所好，沿着客户的思路对他循循善诱，对销售产品非常有益。根据客户的口吻和说话的习惯，用心揣摩客户说话时的心情、神态，同时调整自己，用客户说话的方式和他交流，更容易打动他的心。

顺着客户的思路，站在客户的角度，见缝插针，巧言善辩，才能进行零距离的交流，探知你想要的信息。摸清客户的消费心理后，再沿着他的想法，顺藤摸瓜，将他需要的产品推荐给他。既让客户如沐春风，又卖出了产品，还会在这样的交易中留住客户在你这儿长期消费的机会。

用客户说话的方式说话，就是学会跟客户交朋友，处处为他着想，理解他的心声。让客户觉得，你不仅是个销售员，还是一位愿意为他分担烦恼、解决问题的知心朋友！

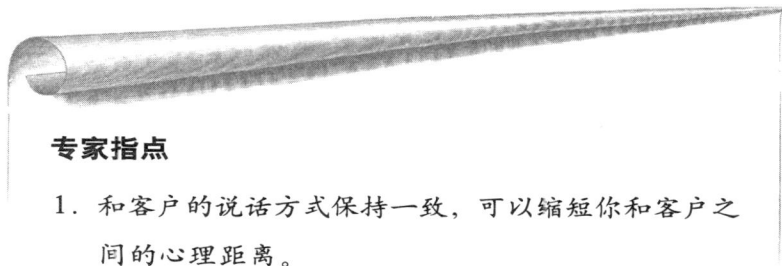

专家指点

1. 和客户的说话方式保持一致，可以缩短你和客户之间的心理距离。

2. 为客户着想，站在客户的立场上说话，会让你的话更具有说服力。

天下没有绝对的事情，
不要把自己的话说得太绝对

　　销售语言就像是战场上的攻防艺术，一个优秀的销售员，在说话时总能进可攻，退可守，先建立牢固后方，再寻求前进基地，步步为营，严谨务实，同时不缺乏激情，时刻保持主动。

　　销售之所以是一门复杂的工作，就是因为当你与客户交流时，在谎言与诚信之间，在急于卖出产品与实事求是之间，存在着一个不容易把握的缓冲区。很多销售员为了促成交易，对产品的宣传过于夸张，并且许下很多不可能实现的承诺，将自己的话说得太过绝对，从而埋下了隐患。一旦产品的使用达不到宣传的效果，或者承诺无法兑现，就会出现纠纷，损害厂家与销售员的形象，这种损失是巨大的。

　　在与客户谈话时，销售员要时刻提醒自己，说话给自己留有余地，可进可退，可攻可守，不要轻易向客户承诺，不过度夸大产品功能。对客户提出的要求和期待，要有选择地进行满足和应允，并不是客户的任何要求都能给予肯定的答复。如果答应客户的事情将来办不到，你从此就会丢掉这个客户！

　　在列车上，两位销售员向乘客们销售一种螺旋形状的袜子，他们分别拿着一定数目的袜子，在不同的车厢里进行销售。

　　第一位销售员拿起袜子说："它的透气性、韧性非常强！"和一位乘客对拉，果然，袜子的韧性的确不错。然后他又拿起一根针，说："来看看，这种袜子特别结实，一点也不会抽丝！"在拉得绷直的袜子上来回划动，袜子一点也没损伤。接着，他又拿出打火机，在袜子下面轻快地晃动，闪烁的火苗穿过了袜子，它也没有损伤。这位销售员得意地说："看，它的透气性非常好！穿上它绝对舒适！"这时，一位乘客半信半疑地接了过去，拿起针，只是轻轻一划，袜子就破了一个洞，原来这种袜子并不是划不破，而是要顺着纹理来划才不易破损。另一位乘客拿起打火机，刚靠近袜子，袜子就着火了。原来必须保持一定距离，并且打火机要快速地移动，袜子才不会燃烧。

很多乘客笑起来："你这袜子不怎么样嘛，一点不像你说的那样！"这位销售员很尴尬地说："我只是想证明它的透性气和坚韧的程度，其实它的质量真的很好！"事实虽如此，但乘客明显对他产生了不信任的情绪，购买的人很少。

第二位销售员，他也是边说边做演示，只不过，他没像前边的同行那样把话说得斩钉截铁，而是先给自己留了退路，说得特别巧妙："这个世界上没有绝对结实的袜子，所以你如果用打火机烧，它肯定会烧成灰的；如果用刀子划，它也会磨损、破洞。但是我们并不需要能耐得住火烧、扛得住刀划的袜子，是不是？"乘客们都会意地笑了，纷纷点头。然后，他用打火机和刀子演示了一遍，又说："看，这种袜子的韧性和透气的性能，已经相当出色了！"

一番进退有据的介绍，既没夸大事实，又显示了产品的优秀，还非常幽默。车厢里的许多乘客都围了过来，听他讲解促销的优惠价格。结果，他销售的成果是前一位同行的三倍还要多。

越是信誓旦旦的承诺，消费者就越会半信半疑，甚至一点也不相信。尤其在中国，人们更相信自己的眼睛，潜意识中也都知道，世界上根本就没有什么绝对能办得到的事情。所以，对于承诺过多、产品功能介绍过于绝对的促销活动，大部分消费者不仅不会趋前购买，反而避之唯恐不及！就是怕上当受骗！

现在一些电视购物广告，比如手机、电脑和首饰的促销，找两个人在镜头前夸夸其谈，唾沫横飞，说得天花乱坠，绝对化的用词层出不穷，像"保证两年不出故障""这种金项链可以火烤一小时不变色"等等，听上去让人心花怒放，可但凡成熟理性的消费者，没人会相信这种花招，也无人购买这类产品。这种过度夸张、虚幻承诺的产品销售活动，只能起到眼球效果，其作用甚至是负面的，被销售大师所不齿！

如果你决定在销售行业大干一番，一定要记住，不要许下空头承诺，也不要将话说得太绝对。否则，你的路会越走越窄，直到把自己逼进死胡同。

美国历史上有一位总统叫富兰克林，他对此深有体会，曾有一段精彩的描述，值得我们琢磨："有一位朋友告诉我，我有些骄傲，说这种骄傲经常在谈话中表现出来，使人觉得我盛气凌人。于是，我立刻注意到这位友人给我的是很难得的忠告，我立刻意识到这样会影响我的发展前途。随后，我决定时刻保持虚心，专门注意。我说话时，竭力避免一切直接接触或伤害别人情感的语言，甚至我自己禁止使用一切过于确定的词句，如'当然''一定'等，而用'也许''我想'来代替。说话和事业的关系，就是成功与失败的关系。你如果出言不慎，跟别人争辩，那么，你将不可能获取别人的同情、合作、帮助、支持与赞赏！"

如何才能够做到在与客户沟通时让自己的话留有余地呢？我认为需要注意以下几点：

1．话不要说过头，以合情合理为原则。不要违背情理，让人觉得你锋芒毕露不是一件好事，会留下口舌与是非，让客户感觉到你这个人不容易交流。

2．不说太绝对的话，不许下"不能确保完成的"承诺。一诺千金，人与人之间，尤其销售方与客户之间，承诺是最重要的。如果你不能确保100%可以兑现，或已有公司的书面、技术保证，那就不要答应客户。无论是客户的主动要求，还是你的销售策略，绝对的话与有可能无法完成的承诺，都不能作为一种营销策略。因为一旦你无法兑现，这就是事实欺骗，对产品形象与你的个人形象，将是致命的打击。

3．面对客户的询问，勇于说"事实就是这个样子的"。特别是产品的功能，容不得半点造假，你可以用完美的修辞，描述产品的优秀，但绝不能夸大具体的功能应用，为自己造成不可挽回的形象损失。客户虽然不如你专业，但客户有很多办法可以了解实情，这是你无法阻止的。所以，善意的谎言可以说，但绝对的大话与牛皮，必须杜绝，一次也不能出现。

4．即使绝对有把握的事，也尽量不要说得过于绝对。绝对的东西容易引起客户的怀疑，给人一种缺陷美，反而会让客户心安。如果将话说得委婉一点，留一些后退空间，你就能在客户面前游刃有余。

专家指点

1．世界上没有绝对的事情，如果你把自己的产品说得完美无缺，就会失去客户对你的信任。

2．自己没有把握的事情，不要信誓旦旦地对客户承诺，如果做不到，客户就会认为你是一个不守信用的人。

第二章

磨刀不误砍柴工：

谈话前尽可能多地了解你的客户

☆

　　《孙子兵法》说："知己知彼，百战不殆。"在进入谈话的正题之前，可以谈一些客户感兴趣的话题，以此来了解客户的爱好、兴趣和习惯，这个过程就如同投石问路。在谈话时，对客户恰到好处的提问，可以让你触摸到客户的需求，以及心理的蛛丝马迹，这样你就可以在销售的过程中做到有的放矢，达到磨刀不误砍柴工的效果。

开谈前，明白你销售的
到底是什么

孙子兵法说："知己知彼，百战不殆。"想赢得一场战争，就要尽可能地搜集敌军情报，洞察对方的每一个信息，做出针对性的战术部署，才能够有的放矢，招招致命。对销售来说，"知彼"同样重要，在与客户交流之前，就必须尽可能多地了解他，掌握他的信息。

销售的过程中，明白自己销售的到底是什么，是销售员在与客户交流之前要做的第一步工作。你不了解手中的产品，一问三不知，纵有苏秦、张仪的辩才，又有何用？客户绝对不会从你这儿购买产品。所以，开拓客户之前，你应该先全面地了解产品的有关信息，做到有问有答，来者不拒。你要表现得比产品设计师还要专业——尽管事实上你不可能拥有他的专业知识，但在与客户交流时，你必须尽可能地表现得熟知产品设计的每一个流程，以及产品的一切性能和功用！

金融危机让很多高学历的人没了工作，小李就是其中一位。她是本科毕业，英语超棒，曾在证券公司有一份舒适的职位。但是现在，她失业了，只好到一家手机店暂且做一名手机促销员。

她的具体工作，是在手机店外面的广场上给行人、游客散发手机广告，说服人们进来购买。小李心想，这个工作还不简单吗？我这个曾经的证券投资顾问，来干这种工作真是太屈才了。在上班的第一天，抱着瞧不上的心态，她走上了工作岗位。

很快，她就散发出去了上百份广告，但是没有一个人到店里购买。而她的几个年轻的同事，虽然只是高中毕业，可已经拉了好几个客户到店里选购手机。她有些纳闷了，就问一个同事："你怎么说服他们的？"

同事用奇怪的眼神看着她，回答道："很简单呀，他们问我这些手机的功能呀类型呀是否打折呀等等这些信息，我就告诉他们，然后感兴趣的客户就会去购买啦！"

小李顿感汗颜，意识到自己哪个地方出了问题：她只是冷冰冰地把产品广告塞到行人的手中，然后程式化地说两句"欢迎进店选购"，却不懂得向别人介绍广告上面那些新款的、打折的畅销机型。有些颇感兴趣的消费者向她询问某款手机的功能时，她也不清楚，只是一味地说："到店里试试就知道了！"

如果客户只有亲自试用产品才能发现产品的功能与价值，那还要销售员这种职业干什么？小李的失败就在于，作为初从业者，她还没有明白，销售员实际上是和证券投资顾问同样专业的工作。后者需要你深入了解每一只股票，成为客户的左膀右臂，前者也同样需要你详细了解自己销售的产品，为客户排忧解惑，引导他们购买。

销售员对产品知识了解的多少，直接决定了你留给客户什么样的印象。你对产品说不清道不明，客户不但不信任你，而且怀疑你说的每一句话都是胡编乱造，甚至担心你销售的产品本身是不是也有问题？是否在忽悠人？然后他们就会果断地转身，毫不犹豫地投入你的竞争对手的怀抱！

所以，在销售产品之前，一定要100%地了解自己的产品，如果可以，最好亲自使用一下，体验一下这种产品的真实感觉。比如，手机促销员，尝试使用每一款手机，研究与琢磨它们的每项功能；汽车销售员，体验一下本店的每一款汽车，驾驶起来是一种什么感觉，它们的舒适度如何，加速怎么样。只是阅读产品说明书，与亲自体验的效果是完全不同的，如果你把自己亲身体验的种种感受讲给客户，这和只能够熟记产品说明书的功效有天壤之别。前者会让客户感觉你说的话真实可靠，后者则会让客户认为你言不由衷、口是心非！

　　我建议，一个合格的销售员，在与客户直接交流之前，必须做好下面的四项工作。

一、了解本公司及产品

　　除了产品信息，销售员也要了解自己的公司。一个连自己公司的背景、历史、定位以及企业文化都不清楚的销售员，客户能相信你吗？会买你的东西吗？答案是否定的，不会买！充分融入公司的企业文化，将公司信息了然于胸，销售员才能增加自己的自信心，从而让客户对你更加信任。

二、了解自己

　　我们每个人都要了解自己才能去做事情。销售员更是如此，你的优点、缺点、自身的素质高低、有没有需要充电的地方，时刻都要自省。想征服客户，先征服自己，不断提高自身能力，才能赢得客户的尊重，增加客户资源，这是销售员成功的重要因素。

　　日本的销售之神原一平，为了充分挖掘自己的优点，改正缺点，策划了一个"批评原一平"的集会，每年举办一次，目的就是让客户坦率地批评自己，提出建议。通过这种方式，他将自己的缺点一个接一个地改掉，让自己的个性得到逐步完善。每一次的批评会，他都会有被剥一层皮的感觉，透过一次又一次的批评建议，他将身上积累多年的弱点全都剥了下来，升华了自己。

　　原一平说："每个人的一生中，最要紧的是发现自己的劣根性，并能有效地剥除它。随着劣根性的剥除，我逐渐进步、成长、茁壮和成熟起来。事实上，每个人最大的敌人就是你自己。人们经常不能发觉自己的懦弱和卑劣，而一味地膨胀自己，并夸说自己胜过某某人，但到头来你会发现，这只是一种自欺欺人的行为。一个销售员之所以难成大器，最主要的原因就在于不能够认识自我、超越自我。这种克己的修身功夫，就是一个人人格成长的过程。我在想，一个人如果不能够成功，在很大的程度上就是因为他没有通过这种成长的考验！"

　　如果我们也像原一平这样审视自己，修正自身，何愁不能成为中国的销售之神？

三、了解产品服务

产品售出后的服务，是客户非常关注的。产品卖到客户手中并不是最终目的，销售员要想得到未来的订单，就必须做好产品的售后服务，良好的售后服务不仅让客户对你的产品放心，同时也会吸引他下次的订单。如果客户问起你售后服务的具体内容与条款，你回答不上来，那么，十分抱歉，你之前所做的一切说服客户购买的工作，都等于白做，客户肯定不会购买你的产品！

四、了解竞争对手

这非常重要，客户常常会货比三家，他们有权利在不同的商家之间来回比较，最后再做出购买决定。如果你了解竞争对手的产品，知晓它的优劣，并能巧妙地通过对比，征服客户挑剔的眼光，你就会轻松战胜竞争对手，达成这次交易。销售高手们的工作，其实就是列出自己的产品在同类产品中的优势，放大竞争对手的弱点，让客户动心，"非你不娶"，这就足够了。

专家指点

1. 在销售之前，一定要明白自己销售的是什么，并了解和产品有关的所有知识，这是成功销售产品的第一步。

2. 在销售中，业绩最好的人未必是业务能力最强的人，而是最了解自己产品的人。一个优秀的销售员，一定要像了解你自己那样了解你的产品。

心急吃不到热豆腐，在没有发现
客户的购买信号时请不要销售

俗话说：心急吃不得热豆腐。豆腐刚出锅，还没散热，你一口咬上去，不仅尝不到美味，反而会烫伤你的舌头。销售亦可以将客户看作一块香喷喷的豆腐，只不过，热豆腐降温才能吃，客户升温才会购买。要想让他掏钱来消费你的产品，需要一个渐渐升温的过程。

急于介绍产品，想尽快把产品卖出去，这是很多销售员常犯的错误。他们错误地判断了机会，在不正确的时机将产品销售给客户，并且急迫希望他们马上做出购买决定。但是往往适得其反，客户会因为你过度热情的销售，认为你的产品中有诈，为了防止自己上当受骗，也就对你避而远之！

很多客户会被销售员高涨的热情吓跑。他们或许正在犹豫，只是想过来看看，并没有决定立即购买。但是销售员抱着急于销售的心理，过度展现自己的殷勤，劝说客户购买，从而让客户产生了逆反心理。

还有一个原因是，有些客户可能无权做出购买决定，他们只是产品信息的了解人员，对采购决策没有决定性的影响。销售人员在跟他们打交道时，还没有充分了解他们的身份和目的，就大力吹捧自己的产品如何优秀，贬低竞争对手的产品如何低劣，结果显然不佳。

正确的方法是什么呢？先了解客户的意图，比如你是卖笔记本的，有的人喜欢轻薄的，便于携带；有的人喜欢大屏幕的，看上去气派；有的人需要一款家用电脑，能编辑文档、玩游戏和看电影；还有的人买电脑是商业用途，关注它的商业性能。客户的需求不一而足，如果你不事先了解到这些，便匆忙地向他介绍产品，怎会起到应有的效果呢？

尤其对客户的前期拜访，或者面对尚无明确购买意图的客户，介绍产品不应该是交谈的重点。此时，销售员最应该做的就是了解客户的消费层次和需求倾向。对客户的所有信息做到心中有数，对症下药。当你对客户的信息了如指掌时，你的销售就可以有的放矢。

阿玲在意大利留学、工作，经历过许许多多的磨难，摔过不少跟头。这些都成了她人生中宝贵的财富。后来，她开始做百元店的销售工作，定位低端消费市场。在销售的过程中，她牢牢地把握住一个原则：不急不躁，运用自己的人格魅力去感染客户，与他们进行交流。

在走进一家百元店后，她并不急于销售自己的东西，而是请老板找出同类的产品，先给自己看看。然后，她凭借自己的学识和掌握的销售技巧，实事求是地讲出这些产品在性能和特点上的优劣对比，让老板在心理上对她高看一眼。有了良好的印象，老板也有了购买的心理期待，阿玲再适时地推出自己批发来的产品，向老板比较自己的产品与其他商家的产品在款式、价格和质量等方面的不同，尤其是自己产品的独特优势。

根据这种销售策略，阿玲几乎百发百中，征服了每一位客户。她不仅将自己代理的产品成功地销售到了每一家自己到过的店铺中，还与这些店老板结成了长远的合作关系。

她的成功，就在于她明白客户的心理。客户希望自己有比较和思考的空间，绝不希望销售员一上来就喧宾夺主，强势推介，替他做决定。那样让人不舒服，也毫无说服力。如果采取渐进式的办法，先让客户产生购买心理，再推介产品，如小溪流水，水到渠成，客户就比较容易接受了。

时机成熟，才能将产品推到客户面前，让他明白你的产品具有如此优势。但在销售时，不要过早谈及价格。特别是第一次见面，客户若询问你的产品价格，这时你需要先判断他的意图，他是真想购买，还是在货比三家。或者，他本身并不期望你有一个明确的回答，只是在为将来购买的可能性做准备！

琢磨客户的心理非常重要。在他没有明确的购买意图时，过早地涉及价格，对于最终达成销售并没有好处。因为他这样做可能只是一种试探，直接后果就是你泄露了自己的价格底线，让自己丧失了销售中的主动。

而且，任何产品都不是完美无缺的，不可能百分之百地满足客户的需求，肯定存在一定的缺陷。如此一来，这些就会变成客户要求降价的理由。

有位服装品牌销售员，去服装商场销售一种新设计上市的漂亮的西服。一位店老板看了看样品，张嘴就问："这一套西装多少钱？"销售员笑了笑说："价格是很重要，但我们更在意的是客户是否满意这种样式。"说着，她引开话题，开始与这位店老板交流这种西装的样式、颜色和质地。

最后，店老板很满意这一款西装，决定先批发20套试卖一周，如果销量可以，再继续进货。此时，销售员才亮出了价格："一套320元。"

店老板低声嘟哝着："有点贵了吧？"

销售员莞尔一笑："刚才您已经了解了这种西装的情况，它的质地非常好，款式很新，是公司充分调查了市场需求后做出的针对性设计，特别适合白领一族的衣着需要，因此，它在商场的定价不会低于500元，您的赢利空间简直太大了，这个进货价，我们对您相当优惠啦！"

店老板听了，点头称是，马上和她达到了进货协议。一周后，这种西服的销量果然不错，他打电话给销售员，又批发了50套。

如果这个服装销售员一开始就透露了批发价格，那么在接下来介绍衣服样式、质地的过程中，任何一个小小的不足，都会成为店老板向下压价的砝码，销售员就会相当被动，被对方牵着鼻子走，陷入进退两难的境地。

无论是向客户做产品推荐，还是产品报价，都必须在沟通充分以后，对客户的心理需求有了充足的了解和判断，在他发出明确的购买信息后，用一个恰当的流程完成向客户的销售工作，直到达到交易。

专家指点

1. 在没有发现客户的购买信号之前，切忌向客户销售产品，你越是急着向客户销售产品，客户就越会产生不购买的逆反心理。

2. 在销售产品之前，不要先对客户透露价格，一旦发现产品的某点不足，客户就会拼命地压价，使你在销售的过程中处于被动的地位！

设计一个客户不得不
购买你产品的完美理由

怎么才能让你的产品打动客户？如何才能激发客户的购物情绪，让他下定决心购买你的产品？对销售高手来说，替客户设计一个完美理由，让他对你的产品产生无与伦比的好感，是击败竞争者，卖出自己产品的必要手段。

在这个物质相当丰富的时代，消费者面临着大量商家的选择和诱惑，如果你给客户购买产品的理由没有击中他的要害，不是他不得不买你产品的理由，就算你说得天花乱坠，最终客户也会离你而去。

"完美理由"可以是你独有的优势，比如你的产品拥有竞争者不具备的特点，将它介绍给客户后，客户如果需要，就会毫不犹豫地购买。它还可以是比较优势，比如价格更低廉，性价比更高，功能更全面，保修期更长，售后服务更周到。

一、必须具备的因素是完美理由的基础

你去面试找工作，必须具备的就是实际工作能力；你去应聘模特，修长的身材和漂亮的容貌不可或缺；你去买相机，首先要求的是摄像效果和相机的整体质量。这些就是必须具备的条件。除此之外，相机的样式、包装以及价格，都只是产品的附加特点。一款相机的像素低得可怜，质量低劣，三天两头地出现故障，就算它的价格再低，样式再新潮，我想你也会对它敬而远之。

每个客户购买产品，第一期望都是产品质量必须可靠，其次才是包装

与售后服务的优劣。销售员在推荐产品时，应该首先将产品的高质量、低故障的出众性能推介给客户，80%的客户都会马上被打动。他们最在意的就是产品的使用效果，就像你买了一辆汽车，驾驶着它奔驰在高速公路上，如果发动机突然熄火坏掉，停泊在路边，四顾无援，没人理没人管，你肯定会非常恼火，恨不得马上就去找销售商拼命。但是这辆车若不是发动机故障，而只是使用了一段时间，车的造型和某些具体的小功能让你不太满意，你对销售商的怨气就不会这么大了。

二、不可替代的因素

达到了上述必须具备的产品的性能条件，你还拥有别人没有的一些独特优势，客户在比较之后，自然就会倾向于购买你的产品。

有一个特别流行的销售寓言，说的是一个人去买鹦鹉，看到一只鹦鹉旁的标牌上写着：此鹦鹉会两国语言，售价200元！另一只鹦鹉的身前则写着：此鹦鹉会四国语言，售价400元！强烈推荐中！再看外形，两只鹦鹉都毛色光鲜，十分漂亮，这人拿不定主意，到底该买哪只呢？这时，他突然发现旁边还有一只老掉牙的鹦鹉，毛色乱，模样丑，却标价800元！他赶紧将老板叫过来："喂，老板，它是不是会说八国语言？"老板摇摇头："不！"这人奇怪地问："这只鹦鹉又丑又老，又无能力，怎么值800块呢？"老板说："因为它是另两只鹦鹉的老板！"

如这个寓言所讲，产品的不可替代性，远比某一项特定的附加服务更有价值。相比于竞争对手的产品，如果你的产品能够找出它的不可替代性，那么肯定更容易说服客户，让他下定购买的决心。

三、服务更周到的因素

有位书友爱好者，他想在网上买一种民国时期的老书，仅有两家购书网站有售，价格也都相同。于是他就分别给那两家书店打电话问："如果网上定购的话，几天时间能够到货？"第一家网站回答说："3天到5天之内。"第二家网站则说："两天之内到货，而且货到付款！"这位书友爱好者立刻选择了后者，订购了一本。结果第二天下午，送货人员就摁响了他家的门铃。

在已经充分了解产品的基础上，客户往往希望交易越快越周到越好。当然，如果得到合理的满足，在一个可接受的范围内，比如网上定购3～5天，客户也不会有什么不满，但如果你能做得更好，像第二家网站那样，两天之内送货上门，客户的满意度就会相当高。相同的质量与价格，他必然会选择送货更快、服务更周到的这家公司。

四、期望之外的因素

客户未曾希望得到的产品特性，如果你具备的话，他会喜出望外，留下很深的印象，促使他下定购买的决心。期望之外的因素，如果没有，不会引起消极影响。但如果具备，就会产生预料不到的积极效果，提高客户的满意程度。

有一位男士，去电器商城，准备购买一款笔记本电脑。他在商城看了好几种产品，价格不一，有高有低，性能不同，有高配置，也有低配置。几家电脑公司的销售员都围在他身边，七嘴八舌，各展神通，他是听得头昏脑涨，渐渐拿不定主意。

就在这时，商城电脑专柜的角落里，走过来一个女孩，向他介绍一款新上市的笔记本电脑。男士仔细一听，性能、价格和售后服务，都和前几家没什么区别，而且价格还稍微高一点。他正想拒绝时，女孩说："现在正是这款笔记本电脑的优惠销售期，如果您这时购买，我们就会免费赠送您一张这家商城的白金会员卡，日后来这里购物，将永久享受九五折的优惠！"男士一听，不错，因为他的妻子经常来这里购物，消费额很大。商城虽然也办理会员卡，但需要交纳一定的费用，现在能免费得到一张，回去送给妻子，她一定高兴。于是，他立刻购买了这款笔记本。

也有不少美容院会对长期用户定期赠送一些免费美容项目，对其没有使用过的产品，做适当的赠送等，都是用"期望之外的因素"打动客户，让他们长期消费的策略。

由此可见，让客户不得不购买的完美理由，并不仅仅局限在某一个方面，而是综合性服务的体现。总体来说，它集中在产品质量、包装、服务与促销活动的设计等每一个环节。我们若能将这些局部的优势整合起来，结合与同类产品的对比，体现出自己产品的优秀，就一定能使客户动心。

专家指点

1. 能不能卖出产品，并不在于你把产品的功能说得天花乱坠，而是要一语击中客户的要害，为他找一个不得不购买你产品的理由。

2. 和竞争对手相比，如果你的产品具有不可替代性，你就很容易说服客户，让他下定决心购买你的产品。

销售需要知己知彼：
销售前摸清客户的"底细"

　　有一位销售高手，负责销售解放牌卡车和红旗轿车。有一次，他和同事去一家汽车运输公司上门宣传，看到电梯门口立着一个告示牌：不准销售人员入内！

　　他上了楼，找到一间办公室，然后问里面的工作人员："请问，车队领导在哪个办公室？他打电话约我来谈事情，我一时忘了他叫什么了。"工作人员把领导的名字以及办公室的位置告诉了他。

　　就这样，他径自走进那间办公室，找到了那位领导。他当然不会直接切入自己的产品，因为这样会让对方马上感到自己是销售人员。他说："您好，我受厂方委托，前来贵单位了解是否有使用解放牌车型或红旗轿车。如果有，我来了解一下使用情况，和对我们的维修服务方面有何看法。"他边说边拿出了笔记本。

　　于是，这位领导就将本公司有些什么车型、车辆的使用情况、维修情况等做了详细全面的介绍。在他问完这些事情之后，紧接着又了解了该公司每年更新车的时间，有哪些更新意向等。

　　最后，情况了解得差不多了，他拿出将要销售的车型宣传资料，递给这位领导，说："这里有新出厂的一些车型的技术资料，如果贵单位感兴趣，不妨和我联系。同时，我也会把今天您所反映的有关车的事情，上报给我们厂方，以便提高对您的服务，谢谢您！"这时，他才掏出名片，留下了联系方式。

没多久，他就接到了这位领导的电话，希望购买几辆解放牌卡车、两辆红旗轿车。这个成交的结果，正是他巧妙的销售介入方式带来的。他避免过早亮出自己销售汽车的身份，而是以汽车服务调查员的方式，合情合理地得到了该单位在汽车使用及需求方面的具体情况，再抓住时机推介产品，自然就取了不错的效果。

这位汽车销售高手，十分懂得收集客户信息。他在乡村公路上，遇到自己销售的汽车品牌，经常会招手示意停车，以该品牌汽车调查员的身份，主动上前询问车辆使用情况，边说边递上名片，记录下对方的车牌、姓名、购车时间、运输情况、今后打算、准备什么时间再次换车等信息。然后再送上宣传资料，表示感谢的同时，也告诉对方，换车的时候别忘了来个电话！

销售员既要知己，也要知彼。摸清客户的底细，就能针对客户的特点制定促销策略，满足对方的需要。现在是个性化消费的时代，如果我们不能迎合客户的个性特征，势必会流失大量的消费资源。

要掌握客户的个性特点，就需要摸清他们的"底细"，深入了解客户，收集有效的信息，加以分析和鉴别。

知己知彼，方能销无不售。一个好的销售员，要养成收集客户信息的好习惯，先了解客户，再量身打造销售策略。最重要的是，一定要从客户的细节信息中，总结出对方的消费个性。有时，客户的神态、表达方式，甚至说话的语气等微小的细节，都会透露出不同寻常的消费信息。观察和总结的能力，是你从中获取到有效信息的保证。

专家指点

1. 只有摸清客户的底细，你才可以针对客户量身制定销售策略，做到知己知彼，百战百胜。

2. 谈客户就像谈恋爱，你没有谈成，说明你还没有足够地了解他(她)，想成功尚需你继续努力。

第三章

成功销售，
请一定要和陌生人说话

☆

从立志做销售那天起，你就应该让自己一定和陌生人说话。在和陌生人说话的时候，不要急于求成，而是先把陌生人变成朋友，然后再由朋友变成你的客户，这样你的销售就会水到渠成。销售是一个慢工出细活的工作，切忌急功近利、操之过急！

为自己制定目标，每天至少
和四个陌生人认识倾谈

　　做销售工作，你不可能每天都和老朋友打交道，除非你一年只准备卖出少得可怜的两件产品。所以说，销售的过程实际上是一个和陌生人交往的过程。两个从不相识的人，怎么才能顺利地发生交易，并留下美好的印象？对于那些羞于向陌生人张口的人来说，让他主动和陌生人说话确实是一件不容易做到的事情。

　　在和客户沟通的过程中，经常会出现这种情景：一些销售员与客户简单寒暄过后，就进入了尴尬的僵持，冰冷地推出产品，迎来客户毫不客气地拒绝。这种局面出现的原因往往是，你缺乏与陌生人交谈的锻炼，无法准确地把握和潜在客户交流的经验，甚至你的表情都不自然，又何谈卖出产品呢？！

　　既然是从事销售工作，学会跟陌生人的交流就是重中之重，是进入销售大门的钥匙。

　　在一个营销中心的培训现场，20个销售新手被分成两队，瞪大眼睛盯着对方。他们得到的命令只有一个："不许说话，不许发笑，看谁的目光先逃开！"

　　这是销售员训练的第一项内容：你敢看我的眼睛吗？通过对视训练，检查选手的勇气，锻炼一名合格销售人员的镇定、自然与平和的心态。

　　对视刚开始，一位男士便经不住对面的女孩眨都不眨一下的对视，目光很不自然地游离起来。而另一边的一位漂亮的小姐，则是经不起任何陌生眼光，别人刚一看，她就赶紧低下头，脸蛋泛起红晕，连耳朵根都红了。

对视训练是学会跟陌生人交流的第一步，只有做到可以泰然自若地注视对方，才能进行下一步有计划地交谈，将话题引入产品介绍的轨道上。对于刚开始从事销售的人来说，不妨给自己制订一些相关的计划，比如规定自己每天必须和四位陌生人说话，训练自己的交流能力。这个计划可以一直持续下去，因为每位陌生人都可能是你的产品潜在的客户。今天没有需求，明天可能就会有。

在美国的汽车业，有一位著名的销售员，连续好几年都是公司排名第一的销售高手。别人向他讨取经验，问他："嗨，你是怎么做到的？为什么你总能卖掉那么多的汽车，我却少得可怜？"他笑而不语。

成为销售高手的诀窍复杂吗？后来他说，这全是因为一张纸条。他每天工作到晚上，回到家，走进自己的房间，就看到他的书桌前面贴了一句话："今天你还需要再结识一位陌生客户才能回家睡觉！"于是，他又跑出去，不管是大街上的公交站牌下，对面的酒吧里，还是附近的大学城公寓的周围，都要再认识一个潜在的陌生客户才回来。

每天多认识一个人，一年至少360个，这些人的生活在不断地变化，他们的收入在增加，消费能力在增强。有车的人会换车，没车的人会买车，当他们产生对车的需求时，肯定会有许多人想到这位热情的汽车销售员。

一位害羞的女孩到一家书店实习，站在书架旁边，看着面前过来过去的读者，总感到不知所措。客户过来询问她一些书放在哪个分类的书架时，尽管她心里十分清楚，也要结结巴巴地说上好几句才能表达清楚。

时间久了，很多常来买书的读者就不找她了，明明离她比较近，也会绕过她，去问别的员工。这让她感到自卑，下班回家，在自己的小卧室哭过好几次。后来妈妈知道了，就鼓励她，对她说："你在大学的时候多么勇敢呀，还记得吗？那次公开演讲，你一鸣惊人，神态自然，文采飞扬，还上了校报！现在，你进入了社会，从事销售工作，更应该发挥以前敢于交流的勇气呀！我相信你，一定可以战胜自己！"

经过与妈妈的谈心，女孩调整了心态，每天都尝试着主动与读者说话。看到东张西望的读者，就过去攀谈，问他们要找什么书，一直服务到底，尽可能地多与他们交谈。最终，她摆脱了害羞的性情，在这家书店的锻炼经历，极大地锻炼了她，为她以后的工作发展奠定了良好的基础。

要做到成功销售，陌生人才是你主要的公关对象。如果你是乐于结交新朋友的人，那么这就会变得很简单。

销售人员每天应该大量地拜访客户，当害怕被拒绝的心理占上风时，你应该迅速并且重复告诉自己："只有大量地拜访才会成功，一定会有客户购买的，我现在就要去行动！"

虽然与陌生人说话时你常常缺乏自信心，可是你必须练习。即便销售失败，也可以增加人际关系，积累人际经验，这是比卖出一件产品更有意义的收获。让自己明白这个道理，然后你还要告诉自己："我是最棒的，每一个人都很喜欢我！我要相信自己！"

当你可以做到立刻去与陌生人交谈，你就能克服不自信的心理，建立谈笑风生、平易近人的好形象。在与陌生人的倾谈中，了解对方，收集信息，挖掘潜在客户。

专家指点

1. 每天和陌生人说话，然后陌生人变成真正的朋友，这是成功销售的第一步。

2. 有数量才有质量，只有让自己每天认识陌生人，才会有更多成交的机会。

初次见面，必须

说好第一句话

在销售工作中，第一句话非常重要，因为这是你留给对方的第一印象，说好说坏，直接关系到你是否能得到销售的机会，他是否能成为你的潜在客户。说好开场白，才有可能让陌生人变成消费对象。

打动初次见面的陌生人，你的时间并不多，往往只有3分钟。很多事实都证明，能否真正吸引客户的注意力，第一句话十分重要，可以说它比宣传广告还要重要，甚至是价值万金。如果第一句话不能引起对方的兴趣，那么就很难继续谈下去。

你要把客户当成听众，但他不是要听你讲一个好玩的故事，而是希望从你这里得到有益的消费建议。打动他的心，让他豁然开朗，产生购买动机。或者，至少向你打开一扇继续深入交谈的大门。否则，这位听众就会毫不留恋地走开。

为此，你的第一句话必须具备以下功效：

营造一个适于交谈的语境；

足够礼貌；

适度赞扬的开场白，可以满足客户内心潜在的自尊需求；

基本的认同感和亲近感；

可以激发客户的交谈兴趣；

等等，不一而足，但是最终目的只有一个，就是调动客户购买产品的欲望。

三个人同时到一个小区上门销售本公司产品，他们都敲开了别人家的门，见到了陌生的主人，并且都说出了第一句话。

销售员甲说："您的家里有高级食品搅拌器吗？"

销售员乙说："我想来问一下，您是否愿意购买一个新型的食品搅拌器。"

销售员丙说："您需要一个食品搅拌器吗？"

也许你会觉得乙和丙的问话更直截了当，但实际上甲的第一句话是最好的。甲的问法是让客户回答"有"还是"没有"，属于明知故问，却有两个好处：第一，不会让客户马上就觉得你是向他销售东西；第二，甲并没有问客户买还是不买，不存在立刻就被客户拒绝的可能性，而是有了继续交谈的平台。

相反，乙和丙的问法，是站在自身销售的立场上发问的，一下子就将自己推到了消费者的对立面，极易引起反感。我想，大部分主人都会皱着眉头说一句："我不需要！"然后将乙和丙关在门外。

尤其在中国，带着明显的销售目的发问，最容易引起潜在客户的抵触情绪。即使他们需要一台食品搅拌机，可能也会因为你的问话过于目的性，而打消三分之一的购买动机。很多中国人对于上门销售的业务员，是有着天生的敏感的。一方面是由于现在骗子太多；另一方面也是因为大部分销售员的业务能力不过硬，缺乏说话技巧，特别是不会说第一句话。

一位跨国公司中国区的总裁，在他18岁的时候，正值中国改革开放的初期，他从事的工作是化妆品销售员。当时他所有的亲戚朋友，都反对他从事这一行。他需要做陌生拜访，可他又害怕敲开门之后被人拒绝，因此业绩一直无法突破。

直到有一天，他的经理将他叫出去，说："你今天跟我去拜访！"他们一块走到马路上，经理看到马路对面有一个年轻漂亮的女孩正在等公共汽车，就对他说："我现在就过去向她销售产品，如果没有成功，我过马路回来时，就被车撞死！"

他吓了一跳，心想，怎么可以说出这种话？谁知道那个女孩会不会冷脸拒绝？但是经理走了过去，开始和女孩攀谈，10分钟后，他卖出了两盒化妆品。

他问经理："你是怎么卖出去的？"经理说："很简单，我走到她身边，对她说，像今天这样毒辣的太阳，经常晒的话，皮肤怎么会健康呢？"他问："然后呢？"

经理笑了："然后，她从随身携带的小包里拿出一面小镜子照了照，接着就向我请教美容护肤的问题，我的产品当然就卖出去了！"

这是一次让他极为震惊的现场教育，他从经理身上学到了如何跟陌生人说好第一句话。原来，不被陌生客户拒绝的最好办法，就是在说第一句话时，不给他们拒绝的机会。

第二天，他就走上街头，开始试着不断跟陌生人交谈。两年后，他就成为这家公司最棒的销售员，被破格提拔为营销部的经理。

他说："与陌生人交谈，光有决心是不够的，你需要根据当时的场合，对方的身份，设计一个恰到好处的语境。你的第一句话必须能让对方感兴趣，甚至你的第一句话表达的内容，必须是对方一直非常关注的，这需要你在上前攀谈前，就对这位陌生客户有一个准确的基本判断！"

说好第一句话的原则是亲切、贴心，让别人消除对你的陌生感，拉近双方距离。达到这样的目的，有很多办法，比如攀谈式，毫无功利目的的谈话，通过聊天逐渐向产品靠拢；还有敬慕式，通过赞美拉近距离，打开交谈的窗口；问候式，说一句"您好"，开门见山，比如对那些已经有明显购买需求的陌生客户，可以直接进入主题，效果往往会更好。

最重要的原则是：寻找共同感兴趣的话题。因为第一句话仅仅是良好的开端，要谈得投机，让客户有好感，必须确立一个对方关注的话题。比如那位经理向女孩销售化妆品，第一句话提到的是"毒辣辣的太阳"，太阳将人的皮肤都晒黑了。这是女孩非常关注的，她们很在意自己的肤色，尤其是在公众场合。于是，很自然地就建立了一种继续探讨的语境。

这就需要你在谈话之前，对陌生客户有一个仔细观察和判断的过程。从他外在衣装，到他内在的心情，都要洞察入微。俗话说"从细微处见品性"，这对于你能否说好第一句话是至关重要的。

专家指点

1. 和客户初次见面，你的时间只有3分钟，如果能够把你的第一句话说好，就是一语千金。

2. 第一句话就如同一张门票，如果你拿到了，就有和客户继续谈下去的机会，继而就有成交的机会，否则，就会被客户拒之门外。

第一次见面，最好
不要谈销售

有一位酒店老板，生意特别不好，正愁得望穿秋水，这时一名酒厂业务员上门了。老板一看，我这儿一个客人都没有，你还来销售酒，这回得好好宰你一刀，多收一些进店费。

谁知，业务员根本不谈销售酒的话题，坐下来就聊他的酒店生意，从他的经营策略谈到酒店大厅的座位摆设、灯光设计、菜单制作、菜价的高低、服务员的着装，分析他生意不好的原因。

老板听了，大受启发，马上就摆了一桌酒菜，跟这名业务员边喝边聊。显然，这位业务员销售的产品进店的事情一下子就解决了。不仅如此，还因为酒店的生意逐渐红火，扩大了产品的销量，双方实现了共赢。

高明的销售员懂得，销售首先是帮助客户解决困难，只要客户的需求和问题得到了解决，你的产品也就随之卖出去了。所以，销售的任务并不是完成你的指标，而是去解决客户面临的难题。因为客户需要你，公司才需要你，产品才需要你。因此，在跟特定的客户第一次见面时，最好不要谈销售。

对此，有一位销售高手说："很多业务员都问我，怎样才能把产品卖给客户，我只告诉他一句话，只要你能帮助客户解决问题，你的产品就卖出去了！"

客户消费并不是为了花钱，而是为了解决自己的实际问题。就像上面这个故事，酒店老板如果卖不出酒，他怎会买你销售的酒呢？在这种情况下，业务员即便将自己的酒吹得超过琼浆玉液，在酒店老板的眼中也是毫无价值的。

故而，很多销售高手在与大客户初次见面时，都会选择"明修栈道，暗度陈仓"的销售办法。先不涉及关于产品的话题，而是着力于解决客户的问题，最终让两条线相交，实现双赢。

日本销售之神原一平，有一次他乘坐出租车，在一个路口遇到红灯，停了下来。跟在后面的一辆黑色轿车也与他并列停下。原一平从窗口望过去，看到那辆豪华轿车的后座上坐着一位气派的白头发绅士正在闭目养神。

原一平马上想："我的机会来了！"他记下了那辆车的号码，打电话到交通监理局，查询到了车的主人，得知这辆车是其公司董事长的车子。随后，他对该董事长进行了全面调查，知道他是某某县的人，通过同乡会查询到了这位先生有着幽默风趣而且热心的性格。原一平收集到了他的一切情况，学历、出生地、家庭成员、个人兴趣、公司的规划、营业项目、经营状况，甚至他住宅附近的情况，并做了详细的总结分析。

做完这些工作，他才开始想办法与该董事长见面。这天，在该董事长的下班时间（他早已摸清了该董事长一天的时间安排、出行习惯），原一平在公司的大门口等候。下午5点，下班的时间到了，公司的员工们衣装整齐、精神抖擞地走出大门。看起来，这家公司的规模并不大，但是纪律严明，上上下下充满朝气和活力。

原一平立刻把这些都记在了本子上。到了5点半，那辆熟悉的黑色轿车开到了公司大门前，董事长从公司大楼走了出来。原一平找了个机会，和他攀谈起来。但是他并没有立即销售自己的产品，而是交流这家公司的一些情况。

董事长非常惊讶，因为原一平对公司的了解是如此清楚，见地又是如此不凡。两人越谈越投机，彼此都会心地微笑。当然，接下来的事情就顺理成章了，原一平向他销售保险时，董事长愉快地在一份保单上签了字。

后来，这位董事长不仅成了原一平业务上的客户，他们两人还成了很好的朋友。在事业上，他们互相给予了极大的帮助。

原一平这次销售保单的成功，原因只有一个：他掌握了正确的拜访技巧，合理地安排了所交谈话题的顺序。比如，他先摸清了客户的详细信息，在初次交谈时，没有涉及自己的产品，而是先交流对方感兴趣的话题——该公司的业务。打下了这样良好的基础，他的产品当然可以销售出去。重要的是，他还交下了一位长期客户，一位事业与生活中的朋友。

可是，太多的销售人员都急功近利，恨不得立刻将那些陌生客户变成可以套现的摇钱树，不懂得循序渐进、水到渠成的道理，上来就拿出产品，狂轰滥炸，怎会成功呢？

专家指点

1. 在和陌生人说话的时候，切忌急功近利，第一次见面就向对方销售产品。

2. 销售不是把客户变朋友，而是先让他变成朋友，然后再成为你的客户。

让陌生人开口的确很难，但你
一定要想办法让客户张嘴说话

想办法让客户张嘴说话，这很重要。如果只有你说，客户不置可否，那么销售只会失败，不会成功。作为一名销售员，过硬的业务知识和个人修养只是基础，还要最大限度地在客户面前表达出来，并且引起客户的良性反馈，产生交流，从中抓住客户的需求。

嘴巴是一件利器，说话是销售成功的关键。但是记住，不能只是你说，只有通过巧妙的说话，让客户和你产生互动，你才能将"陌生人"变成"熟悉的客户"，卖出自己的产品。

罗伯特大学毕业后，就待在他爸爸的农场里，有一个可靠舒适的工作，每天只需要去农场管理灌溉设施。但是他无法对这样的生活感到满足，于是就到了华盛顿，找了一份销售的工作。

他觉得，和陌生人说话是一件有趣的事情，能将产品卖给他们，更是一件了不起的成就。但是实际的工作并不如他所愿，他参加了营销训练，然后去做上门拜访，敲开客户的门。虽然他说了很多，却总是得不到客户的回应。

有人冷冷地望着他，看他尽情表演口才，然后在他说到眉飞色舞时把关门上。还有人会轻轻地摇摇头，友善地请他离开。

罗伯特非常苦恼，向自己的营销经理大倒苦水："我发誓，经理先生，经过调查，我发现他们都非常需要这些产品！"

营销经理发现了问题所在，罗伯特的口才很好，经常出口成章，但是他的语言表达没有一点魅力，引不起别人的回应。什么意思呢？销售不是演讲，而是对客户需求的挖掘，他的销售语言经常不能切中要害，无法调动客户，让客户与他互动。

经过一段针对性的训练，罗伯特终于掌握了要领。他的嘴巴开始变得极具杀伤力了。在与陌生客户谈话的时候，往往能让客户跟随他的思路，不得不说"是"，赞同他的话，进而买他的产品。

后来，在罗伯特22岁生日那天，他送给了爸爸一份惊喜的礼物：这一天的销售业绩，他赚到了50万美元。这一切都归功于他让客户开口说话的本事。

如果你能让对方说"是""对"等肯定性的词语，你的销售就有了一个让人兴奋的开始。这意味着客户开始认可你的话题，他的需求正在一步步被激发，就像我们钓鱼，当鱼线突然向下收紧时，意味着鱼儿被你的鱼饵打动了，它咬了上来。你接下来的工作就是收线，将它钓出水面，放进鱼篓。

当一个人跟你说话时，频频使用"是"等肯定性的词汇来回答你，就表明他的整个身心都趋向于肯定的一面，是最有利于销售产品的时机。如果你做不到，甚至得到的是客户的"不""没必要"，那么销售将变得非常困难。

有一位车险销售员，她每年的年薪都超过20万元，别人向她请教销售成功的秘诀："大姐，你是如何说服那些车主的？"

她笑着说："我从不自己急着说话，而是让车主的嘴巴开口，当他们主动问我有关车的问题时，我就知道机会来了！"

有一次她在城市广场遇到了一位私家车主，这位车主的车遇到了故障，抛锚在了拥挤的车流中。她走过去，对车主说："据我所知，这款车的性能很好，但是再好的汽车，也会有罢工的时候。"

车主深有感触地说："是啊，不光如此，上个月还擦掉了一块车漆，花了不少钱。"

你看，很简单的聊天，机会就来了！她趁机拿出了车险的宣传单，递给他："您有机会可以看一看，其实加入一份车险，就没有这些后顾之忧了！"

她成功的最大原因，就是利用客户的嘴巴，说出了他们的需求，然后借机推介产品。在这种情况下，客户购买产品的概率是非常大的。

如何让客户发出积极的回应？要达到这一目的，销售员在说话时应该注意几个因素：

1．语言通俗化，少用专业术语，以免客户莫名其妙；

2．以问题的方式开始交流，最好是客户感兴趣的话题，很自然地导出他潜在的消费需求；

3．让客户明白产品可带给他什么好处，引发消费的积极意义；

4．最好有一定的视觉刺激，比如图画、小册子和一些通俗易懂的图表说明；

5．最重要的，谈话应该是引导式的，引导客户说话，不能自言自语，强行灌输，否则会索然无味，让客户反感。

虽然与陌生人的交谈并不容易，但一旦谈话开始，让客户表达自己的需求并不难。只要注意一些相关的技巧，每一位客户都有可能买下你的产品。

专家指点

1．销售不是你滔滔不绝地演讲，而是想办法让客户开口说话。

2．客户的话中藏着你要寻找的宝藏，打开客户的嘴巴，你就找到了宝藏的钥匙。

用一些小实惠来拉近
与陌生人之间的感情

在适当的时机赚大让小，是销售员拉近与陌生人距离的一种常用办法。给客户一些小实惠，让对方对自己产生好感，增大自己销售成功的机会，让微利，赚大钱，达到促销目的。

比如我们常看到一些商场举办的"买一送一""有奖大酬宾"和"购物送积分、积分换礼物"等促销活动，就是这种赚大让小法的表现形式。赠出一定的小恩小惠，扩大消费群体，既巩固了老客户，又扩展了新客户。

对于销售员个人来说，小恩小惠的办法也有用武之地。刘斌大学毕业后，就从事了销售工作，销售一种好吃的手工巧克力。虽然他以前没有任何销售经验，但他做得相当成功，第一年就得到了2万元的奖金，他是怎么做的呢？

他认为销售应该先学会人情交往，积累客户，所以他频繁走访学校，认识了很多学生，有一些还是学生会的干部；拜访电台，结识一些电台DJ。结识每一个人，他都会送上一份小盒装的巧克力，这是专门做的赠品，成本不高，里面只有两块，但包装相当精美，是情侣装，极为实惠。

通过这样的赠品，拉近了他与这些陌生人之间的情感，大家开始无话不谈。而且，这些人知道他从事的是销售工作，心里都清楚，不能白吃人家的东西。所以，大家都主动购买他销售的巧克力，也都帮他介绍新的客户。日积月累，他代理的巧克力在许多学校都开始畅销，他还利用电台的关系，做了好几次成本低廉、效果极佳的广告。

刘斌的例子告诉我们，对小恩小惠的使用，应该以建立消费网络为基础。如果送出去没有回报，那么这种投资便代价昂贵。他通过赠送巧克力，得到了年轻人的好感，从而建立了一些搭建消费网的支点，通过这些点，再向广大学生和青年群体扩散。最终，他的投资得到了巨大的回报。

林小姐是某鲜花店的促销员，她刚到这家店工作时，发现生意差极了，不仅平时没人买花，逢年过节的时候，客户竟然也少得可怜。什么原因呢？她分析了一下老板的经营策略，发现了问题：首先，只等客上门，以为酒香不怕巷子深，殊不知现在花店竞争残酷。没人有耐心在大街上"伸着鼻子闻"，很多花店的销售员在马路上做广告，客户都被她们拉走了；其次，本来鲜花的价格就有点高，又没有优惠活动，让客户觉得这里没有人情味，自然就很少有人来。

做完总结，林小姐向老板提议："第一，在网上做广告，现在买花的群体，一般都比较喜欢上网，做一个网页，开展网上定购业务；第二，咱们一定要有优惠活动，到节假日的时候，免费送一些花，比如买一束送一枝等等，具体的细节还可以再延伸！"

老板同意了。很快情人节就到了，按照林小姐的设计，花店开展了"示爱免费赠花"活动，内容是：凡是初次向恋人表白的男生，均可从本店免费得到一枝玫瑰花，并且赠送一张购花优惠卡。

她提前一个礼拜在网上打出了广告，活动一直持续到情人节当天晚上的12点。过后她统计，一共送出了约300枝花，这笔开支并不算大，引起的反响却非常好，当地所有的高校都知道了这家花店。从此，花店的业务蒸蒸日上，尤以玫瑰花最受欢迎，供不应求。而且各高校还流传着一句话："从这家花店买玫瑰花送给喜欢的人，会给自己带来好运！"

林小姐的促销手法并非什么高招，也没有什么难度可言，却十分对路，牢牢抓住了青年群体的心理，实用性强。通过为初次求爱的男孩免费提供鲜花的办法，一下子就打动了年轻人的心，救活了这家鲜花店。

销售需要人情，但是，也不能依赖人情。小恩小惠是否能带来大回报，要看你针对的是什么群体，卖的是什么产品。对于过度理性的消费群体，小恩小惠的办法起到的效果就不会太高，而且投入久了，还会直接拖垮你的利润。而对于较为感性的青年群体和扳着手指头过日子的中老年群体，这种促销策略就显得非常奏效！

专家指点

1. 在销售中，适当地给客户一些优惠或者赠品，客户就会给你带来更多的利润。

2. 无功不受禄，当客户接受了你的馈赠之后，自然就会为你介绍更多的客户。

第四章

"语言笨拙"
有时胜过口齿伶俐

☆

真正的销售高手，他们并不是口才冠军，甚至是一些语言笨拙、不善言辞的人，正是因为他们的不善言辞，才让客户对他们产生了信任感，用他们的真诚征服了客户的心。而那些口若悬河、夸夸其谈的人，因为他们过于夸张的口才，埋葬了他们的前程，让很多客户对他们避而远之，从而使自己的道路越走越窄！

销售就该和客户
说得天花乱坠吗？

　　我见过许多业务员，拿着产品宣传单，站在街头，像在对客户讲一个传奇故事。听他们口中说出的产品，你会有一种"此物只有天上有"的感觉。在这些销售员内心都有一个错误的认识：销售员只要伶牙俐齿就可以了。

　　他们将产品说得天花乱坠，举世无双，将客户忽悠得晕头转向。就像医生开给病人一剂补药，刚吃下去时全身充满力气，活蹦乱跳。但是药劲一过，谁还说这剂药能根治他的病症？

　　销售语言是否有效，不在于你是否能将死人说成活人，而在于你在客户心目中的真诚度。用真诚征服消费者的心，获取他们的长期信任，不仅现在可以卖出产品，还能牢牢抓住未来的市场，让消费者替你当传话筒，一传十，十传百，最终争取更多的潜在消费者。

　　一定要明白，你销售的不只是产品，而是品牌，是形象。明确了这一点，你就会知道，过分夸张的口才可能会葬送你的销售成果，让你的路越走越窄。

　　有一家保健品公司，开发了一种可以增强体质、明目亮神的保健饮料。从实用角度讲，这种补品非常不错，在同类产品中是难得的有实际功效的保健品。但是在促销策略上，为了吸引眼球，增加销量，该公司营销部的赵姓经理却犯了一个不可挽回的错误。

错误一：人为夸大功效，导致消费者不信任

赵经理让销售员到街头四处散发产品广告，像假药贩子那样，用小喇叭向人们一遍遍地宣传，而且尽可能地夸大这种保健品的作用。比如，销售人员对老年人说："只要喝了这种饮料，保证高血压不复发，心脏病一去不回，还能百分之百预防癌症，延年益寿！"如果说可以治疗高血压、心脏病，很多消费者会信以为真，但说这种产品能预防癌症，谁会相信？

错误二：强制性广告，遭到消费者反感

除了街头散兵游勇似的夸大产品功能，赵经理还让人向居民信箱里塞宣传单，这种强行灌输的宣传方式，引起许多居民的反感，让他们产生了这是一种假冒伪劣产品的感觉。

错误三：举办讲座，请人吹捧，反而误入歧途

赵经理投入了为数不菲的广告费用，在电视台开产品讲座，花钱雇了许多人冒充消费者，编造了一些"重症病人喝了这种饮料便神奇痊愈"的故事。讲座打着响亮的所谓"中国老年保健协会"和"三高四病预防工程办公室"的牌子，讲得头头是道，吹得天花乱坠，神乎其神。

两个月以后，结果出来了：十几位癌症患者购买了这种保健饮料，喝了以后没有任何起色，于是联名登报，揭露骗局。省报的某位知名记者也写文章批评该公司欺骗消费者的促销行为。该公司一下子陷入了全面的被动，不仅产品销量锐减，还抹黑了自己的形象，只好下架，停产。

本来很有前途的保健产品，因为过于夸大的促销策略，遭遇了市场与形象的双重失败。

如果赵经理针对自己产品的实际特点，有一说一，有二说二，谨慎而稳步地占领市场，开始时不虚张声势，等得到消费者的良好反馈后，再举办一些务实的促销活动，效果会更好。在客户不断积累的过程中，产品的知名度也会慢慢增加，最终为公司带来长期的巨额回报。

学会包装自己的产品，这是销售者必须要做的功课。但在实际的销售

过程中，对产品的定位，宣传的用语，却要格外谨慎。夸张过度，则会适得其反。

有位业务员曾经问我："我们公司产品很好，我介绍得也没有漏洞，许多消费者本来对产品很感兴趣，也是抱着要买产品的目的来的，可听完我的介绍之后，为什么反而不买了？"

这是什么原因？我分析了他的情况之后发现，他对产品的宣传华而不实，无法让客户产生完全的信任感。世上没有完美的产品，如果你这儿有，那你注定会成为穷光蛋，因为没人相信你那所谓的"完美产品"！一个很少人愿意接受的观点是："缺陷美是产品畅销的必要因素！"但是又有谁敢主动暴露自己产品的缺陷？

前两年，一家世界知名的笔记本厂商突然高调宣布回收一批笔记本，理由是"电池存在某种隐患"。其实这种隐患并不影响使用，甚至在实际的使用过程中，大部分客户并没有感觉到异常，但厂商依旧"固执"地做出了回收决定。

短期内，该款笔记本的销量大减，但与此同时，该品牌的其他机型的销量节节攀升。原因就在于，通过这次事件，让消费者产生了更大的信任。人们都会认为，只要产品有缺陷，该公司都会第一时间站出来承担责任！既然质量有问题的产品已经回收了，那么其他没有宣布回收的机型，肯定都是没有问题的，是值得放心的！

可见，最佳的销售策略，并不是将产品说得完美无缺，而是立足于消费者的心理，做出合适的宣传定位。

第一，你要让客户充分了解产品的实际价值，并且觉得物有所值。

第二，你要让客户相信你的宣传言之有物，而不是夸大其词。

第三，你要让客户使用满意，留下良好的口碑，从而打响品牌，要做到这一点，必须杜绝不实宣传。

十全十美的产品，消费者不会相信。所以，夸大产品功效的办法，绝不可取。消费者只有相信了你的宣传，才会购买。因此，销售的首要目标，就是建立你与客户、产品与客户之间极高的信任度，这不是只用口齿伶俐就能做到的。

专家指点

1. 能否卖出东西，并不在于你能否说得天花乱坠，也不在于你能否把死人说成活人。只有让客户信任你，客户才会买你的东西。

2. 在适当的时候，承认自己产品的不足，反而会让客户更信任你。

真正的销售高手并不是"铁齿铜牙"，
而是"貌似猪相，心中明亮"

关于嘴巴与思考的关系，有一个故事：

一对初识不久的恋人，他们坐在秋天的公园里聊天。男孩很帅，又会说话，甜言蜜语，很讨女孩子的欢心，不时被他逗得发出开心的笑声。

这时刮起了一阵凉风，秋天的风，带着微微的寒意，吹落了片片树叶，显得苍凉萧瑟。女孩叹口气："秋天到了，风好凉呀！"一边说，一边双手抱肩，很感叹的样子。

男孩觉得自己献殷勤的大好时机又来了，急忙脱下外套披在女孩肩上，说："快披件衣服吧，天这么凉，别感冒了！"

可这回，他却是一头撞到了南墙上，"好意"未被女孩接纳。因为女孩白了她一眼，又是一声叹气，接着就转过头去，不再看他。

只有领悟能力强的人，才会真正明白女孩此时的心意。她需要的不是一件衣服，而是男孩温暖的怀抱。在这样的时刻，再能说会道的嘴巴，也比不上善于思考和领悟的大脑。

销售就像你与客户之间的一场"恋爱"，而且是"一见钟情"，你的机会只有短短十几分钟，甚至五分钟。显然，思考和倾听，比一张职业的嘴巴更重要。

初级销售卖产品，靠嘴巴吃饭；高级销售卖品牌，用思考赚钱。卖出一件产品，这是短利，有今天没明天；卖出一个品牌形象，却等于种下一棵摇钱树，长利在手，源源不断。

真正的销售高手，未必就是口才冠军，而是大智若愚。看上去，他们没有铁齿铜牙，但一张口，必是金玉良言，说到客户的心里去。

做个有心人，才能成为真正的销售高手。这就是为什么世界上的营销大师往往都是些"貌似猪相，心中明亮"的人的原因！他们首先是善于倾听和思考的人，嘴巴只能告诉你说什么，思考却能告诉你该怎么说。

有个销售员，他在大学时就是演讲冠军，出口成章，绘声绘色，都说他有诗人气质，能用一张嘴把石头说成泥巴，把冰块感动得融化。而且他又是搞艺术的，对各国不同的画风、世界级的大师们的作品了如指掌。凭借这个优势，他毕业后进了一家颇有实力的画廊，负责向客户介绍、推荐画作。

面试时老板很欣赏他，说："我对你早有耳闻了，希望你能在这里干出一番事业，用你的知识帮助我吸引回头客。"

他自信地说："没问题，我相信能让每一位客户都带着自己喜欢的作品，满意而归！"

不过，老板还是提醒他："客户也是分等级的，有的是行家，有的是新手，你需要仔细鉴别一下再开口说话，这可是一门学问！"

他点头称是，但是仅过了几天，老板这句意味深长的点拨就被他抛到了耳后。因为他靠着自己滔滔不绝的专业知识，感染打动了许多客户，一个礼拜就卖出了15幅画，为画廊增收几万块。

跟客户聊起一幅画的历史，他可以从这幅画的创作背景、时间、背后的故事、画家的身世，一直聊到当时的世界形势，社会民生。好多客户都听得津津有味，流连忘返，当即就决定买下他推介的作品，毫不还价，付钱特别爽快。

这天，来了一位中年客户，穿着简单色调的西装，戴着眼镜，很沉闷的样子，面无表情地走到一幅中国画家的山水画前，仔细端详。时而叹气，时而皱眉，时而摇头。

这位销售员见了，心想："看来他对这幅作品并不满意，不如推荐他买一幅欧洲油画。"于是就走了过去，彬彬有礼地问："先生，这幅画放在这里半年多了，因为作者在作画时有几个技术上的错误，一直无人问津。我看，您不如到这边的展厅，看一看欧洲画派的作品，那些才是真正的精致呢！摆在客厅里，一定能够为您增添尊贵的艺术气息！"

中年客户面无表情，仍旧盯着那幅山水画，淡淡地说："是吗？我看这幅挺好，多少钱？"

销售员心想："这幅画一点都不值钱，他为什么这么固执呢？"他还是极力地劝说客户去欧洲画派的展厅，并且不断地夸赞那些油画作品是多么的大气。结果刚说了几句客户就急了，很不耐烦地摆摆手，说："你不用说了，让你的老板过来！"

老板很快走过来，轻声礼貌地问："先生，需要我的帮助吗？"

客户指着这幅山水画说："多少钱？"

老板微笑着说："先生，这幅画500元，如果您今天就付款，还可以打八折。"

客户长叹一口气，掏出银行卡，说："我愿意为这幅画支付5000块！马上将画包起来，并且，我还有一个请求，希望您能帮我联系到这位年轻的作者！"

老板喜出望外，急忙招呼另一位工作人员过来，将画包了起来。只剩下这位口才绝佳、满腹经纶的销售员呆呆地站在一旁，有点不知所措。

他的错误，就在于只顾表现自己的口才，没有思考、判断客户的心里在想什么，客户想干什么。客户的眼神和表情已经表现得很明显，对这幅画是既有遗憾又有钟爱，正在慢慢品味这幅画的优劣之处。此时销售员的最佳选择应该是安静地站在一边，与客户保持两米左右的距离，等待客户自己最后的决定，而不是出于功利之心，"诋毁"这件作品，转而销售另外的高价画作。

貌似猪相，心中明亮，说起来容易，做起来难。一个人，当动不动，当说不说。不该动而动，不该说而说，则是缺少悟性与思考的表现，这样的人即便才华横溢，也是干不好销售员的。

面对客户，多思考一点，少废话一句，你都会受益无穷。谋定而后动，断定而后言。宁可用笨拙的语言换来一筐地瓜，也胜过用华丽的口才丢掉一座金山。

专家指点

1. 聪明的人用嘴巴说话，智慧的人用大脑说话，而那些销售冠军就是那些看起来大智若愚的智者。

2. 宁可不说，不可言多。逢人只说三分话，在很多时候，往往因为一句不得体的话，让你丢失一笔生意。

闭嘴——在特殊情境下
是最聪明的选择

冬天来了，有一只小麻雀，急急忙忙向南飞，想寻找一个避冬的地方。但它终于没扛住严寒，全身结了冰，掉在地上。

小麻雀心想，我就要死了！肯定没机会了！但是这时，一头大公牛经过它的身边，因为内急，拉了一团牛粪，正巧把小麻雀的整个身子都盖住了。温热的牛粪暖化了小麻雀身上的冰块，让它恢复了元气，从死亡线上逃了回来。

它死里逃生，得意极了，根本就没想到这堆牛粪一会儿凉了之后，它同样会被冻僵，而是张开嘴巴，欣喜若狂地高声歌唱。歌声美妙悦耳，可是招来了一只正在附近转悠的饥饿的大灰狼，它悄悄地窜过来，扒开牛粪，一口就把小麻雀吃掉了。

这个故事就是告诉我们：如果你拿不出解决问题的实质性举动，就不要自鸣得意，夸夸其谈，而是应该及时闭上嘴巴。

当你提不出建设性意见时，别忘了闭嘴。对身处特殊情境下的销售人员来说，这是最聪明的选择！

对销售人员来说，懂得在关键时刻让自己闭嘴，并不是所有人都能做到的。许多销售员都在客户面前眉飞色舞，说个不停，却丝毫不注意客户厌烦的神色。他们也从不判断当时是什么场合，什么氛围，总是努力地向客户讲个不停。

我在销售培训班上，也曾经提出过"关键时刻学会闭嘴"这个问题，然后得到了五花八门的答案：

急于让客户购买；

不知道什么时候该闭嘴，只好继续说下去；

担心客户转移注意力，或生怕客户打消购买的打算；

也想闭嘴，但那得是交易完成之后……

知道什么该说，什么不该说，什么时候说，什么时候不说，这是销售人员应该具备的最基本的销售常识。有时你需要向客户展示你的风趣动人的表达能力，有时你却需要沉默不语，倾听客户的意见，让他自己做出选择。

有一位美国的保险销售员，这一天，他接待了一位女士，没用任何技巧，也没说几句话，就做成了一笔大生意：这位女士为她的11个儿子买了11项储蓄保险。因为她的先生刚刚遭遇车祸去世，心情低落，所以这位销售员自始至终都扮演了一个倾听者的角色，耐心地听她讲述自己的遭遇和需求。中间只是偶尔安慰她几句，更多的时候他都在沉默，一脸严肃，充满对她的同情与尊重。

直到最后，这位女士停止了讲述，他才建议她购买这些保险，并简洁直接地告诉了她理由：即使她未来没有固定收入，孩子的教育和未来也不至于无以为继。女士马上就接受了他的建议，为她的每个儿子都买了一份储蓄保险。

销售员从这笔生意中获得的佣金，是过去他三个月的收入。后来，他在公司的营销会议上对同事们说："我没想到，沉默的作用会是如此之大。"

闭口沉默是你遇到特殊客户时应该采取的态度，如果那位保险销售员面对这位女士夸夸其谈，丝毫不理解她刚失去丈夫的哀伤的心情，那么结果很可能是导致客户的不悦和反感，这笔生意也就泡汤了！

有些销售员，为了避免在客户面前出现失误，或者客户突然间走掉，只好不断地说话，说了又说，说个没完。这其实是一种语言轰炸，会让客户产生厌烦不安的情绪，反而容易赶走本来可能成交的客户。

不敢说话的销售员卖不掉产品，但是说话太多的销售员会叫客户害怕。

20世纪最伟大的科学家爱因斯坦，有人问他成功的秘诀是什么。爱因斯坦回答："成功就是X加Y再加Z。X是工作，Y是开心，而Z则是闭嘴！"

这是大师留下的至理名言，造物主为什么给我们两只耳朵和一张嘴？就是让我们多听少说，该闭嘴时就闭嘴。

如果你有所疑惑，在说什么与何时说之间掌握不住正确的尺度，那么就记住这个销售员的闭嘴法则：

1. 如果你不知道说什么，那就让自己真诚地倾听；

2. 永远不要在客户说话的时候写东西；

3. 任何时候，都不要排斥和打断客户的说话，这是一种愚蠢的行为；

4. 自己不懂的问题，不要假装内行，闭嘴才是最佳选择。

孔子说："知者不失人，亦不失言。"聪明的销售员，应该好好体会这句话，不要在客户的面前失言。一场成功的销售就像一个好的电视节目，有美妙的画面，还有悦耳的音响。音量太小不行，音量太大、太刺耳，也会把人吓跑。当需要你沉默的时候，你不妨安静下来，思考一下客户到底在想什么。

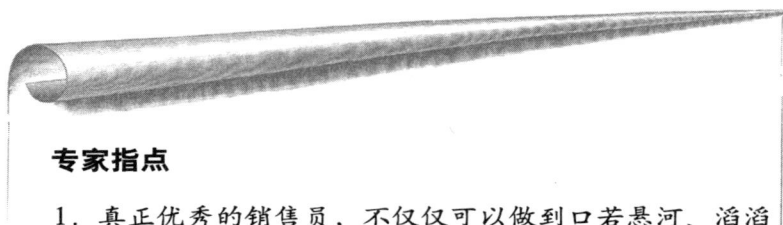

专家指点

1. 真正优秀的销售员，不仅仅可以做到口若悬河、滔滔不绝，在关键时刻也可以做到坐山听虎，以静制动。

2. 只有给客户充足的时间说话，你才能够得到更多有用的信息，然后根据客户的话判断客户真正的需求。

无论客户说什么，你只要

点头、微笑，不要与客户争辩

有一次，我到一个商场调查，安静地站在一边，观看服装销售员如何与客户打交道。有的客户的要求相当简单，拿起衣服，在试衣镜前随便一比画，满意后就付钱走人。但有的时候，也会遇到一些过于挑剔的客户，在衣架前挑来挑去，一次试穿十几件衣服却仍不满意，不是价格太高，就是某个袖口有点紧，或者衣领有点大，颜色差一点，等等。客户有的是不满意的理由。

有一些销售员，可以做到面带微笑，始终如一地"热情服侍"这些客户，直到他们买下衣服，或者一件也不买地离开。但也有一些比较急躁的销售员，因为受不了客户的苛刻与挑剔，毫不留情地放下礼貌的架子，与客户争执或吵骂起来，直到引来客户部经理。结果，当然是销售员受到处罚，客户没有任何责任。

遇到这种情况，公司关注的不是你受了客户多大的委屈，而是产品因为你的服务态度而没有卖出去，并影响了公司的声誉。所以，与客户争辩对你没有一点好处，除非客户的某些行为十分过分，超过了作为一名销售员可以容忍的范围。否则，微笑就必须时刻挂在你的脸上。

小李在一家大型商场从事香水的促销工作，元旦七天假期，商场推出了"迎新年促销送积分"活动，规定在这七天内，只要在本商场购物满100元，都可以凭商品发票，在当天去相关的柜台办理一张消费积分卡，并得到200个积分。按照这家商场以往的规定，消费一元钱，送一个积分。当积分到达一定数值时，就可以兑换一些商品，有MP3、电饭锅和手机等。

七天假期过去后的次日，有一个年轻的女客户拿着发票找到了小李，说她昨天在这里购买了价值1000元的香水，现在想换成积分，然后她的积分卡就到两万个积分了，按规定，两万积分可以去兑换一部价值2000元的手机。

小李微笑着拿过发票，看了一眼，然后礼貌地说："您好，这张发票可以兑换1000个积分，现在就可以去楼层出口处的柜台办理。"

女士一听急了，瞪着眼睛说："这几天不是促销送积分嘛，一块钱换两个积分，怎么你还按平时的标准给我？我这可是昨天消费的！"

"是的，昨天的确如此。"小李耐心地解释，"可能您没仔细地看促销活动的详细内容，上面有一条，必须是当天消费，当天兑换积分，才能一换二。"

这位女客户看上去是个火暴脾气，顿时提高了嗓门，说的话也难听了很多："怎么，这不是骗人嘛？我昨天走得急，没时间兑换，今天来办理难道就不行？你嫌我没关系，没熟人呀？告诉你吧，这家商场的刘主任是我的表叔！闲话少说，你赶紧带我去办理！"

小李被她这么一通蛮不讲理地训斥，感到很委屈，但她仍旧保持着微笑，努力让自己处于一种平和、淡然的状态，与客户保持两米左右的距离，用舒缓的语调继续向她解释："对不起，您的心情我可以理解，但这不符合商场的规定，请谅解！"

女客户情绪失控，上来就推了她一把，嘴里骂骂咧咧。但是小李依然没有动气，虽然心里很愤怒，可一直保持克制。这时，客户部经理得到消息，马上赶了过来，见此情景，问明了事情的缘由经过，用赞赏的眼神看着小李，说："你做得很对！现在，我来对她解释，你继续工作吧。"

小李在这件事情上，充分把握了一个基本原则：客户即使有错，作为一名普通的销售人员，也没有与之争辩的权力。因此，无论她说什么，做什么，小李都展现着自己礼貌与克制的一面，维护了商场的形象，直到部门经理过来接手处理。

美国著名的美容业销售员玫琳凯说："客户往往非常苛刻，并因为要求得不到满足而容易发火，这很正常。所以，销售员在面对客户以前，要先做好心理准备。不论刚发生过什么不愉快的事情，销售员都要立刻把它忘记，然后用愉快的心情和笑容面对客户。记住，千万不要因为私人问题，比如自己的烦恼，以坏心情去面对客户，那只会让彼此的关系恶化，这是销售的大忌！"

不管遇到什么情况，都不能激怒客户，哪怕一切都是客户的错，你也应该保持微笑，点头示意，时刻显示你对他的尊重，然后再寻找解决问题的方法。

专家指点

1. 和客户争辩，即使是你赢了客户，最终却丢了自己的生意，更是得不偿失。

2. 任何时候，都不要和客户争辩，更不要顶撞客户，而是沉着、冷静地解决客户的问题。

销售的最高境界是
将销售成为多余

世界上最权威的市场营销学的泰斗菲利普·科特勒曾经说："营销的最高境界，是将销售成为多余！就是说，如果你能找到客户那些还没被满足的需求，并做好满足需求的工作，你就不用在销售上下太多工夫。"

市场营销和销售不能混为一谈。营销不是像以前大工业时代那样为了把已经生产的产品卖出去，而是为了满足需求。制造产品是为了支持市场营销，支持需求。只要你能发现市场对产品的需求，那么，绞尽脑汁、费尽口舌的销售对你来说就是多余的。

所以说，销售的最高境界是发现需求，而不是简单地叫卖产品。

这表明，一个成功的销售员，不是跟着干别人已经干成功的事情，而是找到人们想买却只有你卖的东西。

● 销售不是卖东西，而是找需求

美国一家制鞋公司，想到外面开拓新市场，于是就派了一位销售员跑到非洲，了解市场行情，准备在那里大干一番。这位销售员到了之后，马上给公司发回了一封电报：这里的人都不穿鞋，简直没有一点市场！

没多久，公司派了第二名销售员过去看看，他在那里待了一个礼拜，发回一封电报：太好了，这里的人没鞋穿，市场非常大，我们要发财了！

这家公司又派了第三个销售员，他在非洲待了一个多月，也发回了一封电报：这里的人不穿鞋，但是大部分人都有脚疾，需要鞋，可我们现在生产的鞋太瘦小，不适合这里的人的大脚。因此，我们生产肥一些的鞋，以满足他们的脚型。还有，这里的部落首领不让我们做买卖，只有给他一些好处，才能获准经营，公关的费用大约需要15000美元。我们每年大概可销售两万双鞋，投资收益率约15%。

第一位销售员是去非洲卖产品，他发现没人穿鞋，于是就认为没有市场。第二位更进一步，他找到了需求，因为没人穿鞋。但是第三位才是最合格的，因为他不仅找到了需求，还通过一个月的调查，找到了利用这些需求的正确的办法，并计算出了盈利率。

中国目前的营销，大部分人都像第一位销售员，少部分像第二位，想到的仅仅是销售和广告。可是实质上，营销的目标不是简简单单地卖掉产品，更重要的是通过一种成功的营销策略，建立一个成功的品牌。

现在，世界知名的可口可乐还需要雇用几千名销售员去跟超市打交道吗？海尔空调还需要派出销售员到居民小区挨家挨户地进行客户拜访吗？不需要！成功的现代营销，已经让销售变得不重要了，因为一个深入人心的品牌形象在促使客户进行主动购买。

● 销售的最高境界不是靠"语言"

菲利普·科特勒认为，想要达到销售的最高境界，靠的不是语言，而是利用综合手段，塑造健康可信的产品形象。

就像宝洁，它的销售方式一直让人感觉比较低调、务实，但是它在中国市场非常成功。宝洁的营销方式给人一种清爽干净的风格，没有天花乱坠的广告词，也没有让人烦恼的上门拜访。

当你需要运用语言的能力来达到销售目的时，事实上已经到了销售的最后阶段——需要销售员的口才来促进客户做出最后的购买决定。在此之前，销售的大部分工作都不是只有语言就能完成的。

前面我已经说过了，销售其实是发现需求，并为此需求塑造一个屹立不倒的品牌。一个成功的销售员，他很容易就能够让客户对他产生认同感，去跟从他的步调，认同他的产品。这是销售员的整体形象达到的效果，不仅是语言，他的每一个细微动作，都在配合着自己的语音和语调。

用自己完美的"整体舞蹈"引起客户的共鸣，创造一个和谐舒适的语言环境，并且展示产品的成功形象，让客户主动向你吐露他的需求。此时，再向客户卖力地推荐产品，就已经成了多余之举。

专家指点

1. 销售的最高境界不是向客户销售产品，而是发现并满足客户的需求。

2. 销售产品并不是靠语言，而是在客户心中建立一种品牌形象，让客户主动购买你的产品。

第五章

销售中打死都
不能说的6种话，说了就可能被打死

☆

我们常说"好话一句，做牛做马都乐意"，这句话告诉我们每一个人都喜欢听对方赞美、肯定自己的话。作为销售人员，在和客户沟通的时候，更要有所避讳。很多时候，我们仅仅因为对客户说了一句不该说的话，从而毁了一单生意，丢掉了一个客户，你后悔莫及，但覆水难收！所以，对于一些不能够对客户说的话，打死都不能对客户说！

欺骗和夸大其词是
销售的天敌

我们经常可以看到，一单很好的生意，因为一句不该说的话而毁掉。一位很热情的客户，因为你不经意间说了一句错误的话，就从此对你的产品失去了兴趣。每个人都会说话，所以我们每个人都有成为销售高手的可能。但是有些话，是绝对不能在销售场合出现的。

什么话打死都不能说？排在第一位的便是"欺骗"和"夸大其词"！欺骗客户，夸大产品的功能，忽悠消费者，超出了"善意谎言"的范围，即使暂时瞒过了客户，也会埋下一颗"定时炸弹"。客户在日后使用你产品的过程中，总会搞清楚你的话是真是假，一旦产生纠纷，后果是不堪设想的。

不要为了达到一时的销售业绩，就夸大产品的功能和价值，用过分的谎言欺骗客户。即便再好的产品，它也会有不足的一面，有其不具备的功效。作为销售员，应该站在客户的角度，清晰明确地与客户分析产品的优势和劣势，帮助客户货比三家。在此过程中，再运用一些适度的夸张，扬长避短，通过与竞争产品的对比，让客户心悦诚服地接受你的产品。

任何欺骗和夸大其词的谎言，都是销售的天敌，它会让你的事业无法长久，让你的成功像一堆虚弱的泡沫，不堪一击。

小赵到北京找工作，进了一家规模不大的公司当业务员。到了营销部报到，他发现整个营销部只有几台电脑，几十部电话，销售人员整天就靠电话进行销售，语言用词十分夸张。

上班第一天，培训师就对小赵"洗脑"，说："跟客户对话时，说话一定要坚定，要大声！自信！果断！控制和引导客户的想法，让他们相信，我们的产品就是最棒的！"

小赵充满疑惑，就问："怎样才能让客户相信这一点呢？"

这位培训师眨着眼睛说："和客户交流，一定要热情，真诚，提问一定要有连贯性，不让他们有戒心，不要让客户以为我们是在骗他的钱！他们当然就相信这一点了！最好的销售方式是什么？是善于利用同姓、同乡、同龄、同属相、同命运等似是而非的情况套近乎，必要时，多赞美客户，拍他们的马屁，来打动他们！通过我们问，客户答的方式，进行互动对话，逐步控制谈话局面，引导客户的思路，让他们按照我们的思路走！没有不成功的！"

小赵听到这里，恍然大悟，原来这么大的公司，竟然使用这种欺骗夸大式的营销策略，毫无长远眼光。

在接下来的工作中，他更是体验到了公司营销部门对于客户的欺瞒。比如，产品出了问题，客户要求退货，公司规定业务员必须使用各种手段阻碍退货，先"劝"，后"拖"，让客户等待很长时间，渐渐失去耐心，自动放弃。如果有的客户坚决要退，业务人员要学会推卸责任，将责任有步骤地推到客户的身上，说他们使用不当等等。实在不行的话，还可以把退货的职权推给其他的部门，让客户来回跑，多次退货不成功，就会因为怕麻烦而产生"算了"的念头。

这位培训师，还把如何忽悠客户的办法，分别记录在十几张纸上，要求每名业务员都能熟练背诵。小赵仔细看了以后，更加坚信，使用如此低劣的销售术，这家公司早晚会倒闭。公司里的老业务员，早已到了骗人不眨眼的忽悠程度，他们可以做到把撒谎当作习以为常的事情，而且这个培训师的论调是："能骗说明你有本事，不能骗只能说明你是废物！"

小赵在该公司只工作了一个星期，就主动辞职。结果，半年后，他就听说该公司因为频繁涉及消费欺诈行为，被罚了巨款。

绝不可采用的欺骗与夸张式的销售术：

1．让客户放松警惕，不看清楚条文就签字

许多保险销售员经常运用此招，他们常常把某一保险的好处说得天花乱坠，让客户对销售员完全信任，丝毫想不出还有哪些环节没有考虑到。这时，销售员就会借机把保险合同放到客户的面前，客户在放松与愉悦的状态下，拿过来就签了字。当日后出了什么意外，需要这份保险大显神威时，才发现合同里面有一些对自己非常不利的条款。

2．忽悠客户购买自己不熟悉的产品，并且夸大产品的功能

如果客户不熟悉某种产品，那么某些销售员大展"骗功"的机会就来了。他们夸大这些产品的使用范围，与客户的生活挂上钩，让客户觉得，自己确实需要购买这么一种产品。可当他买回家才发现，真是一点用也没有，最多当个摆设。

3．用刺激的话语威胁，用诱人的前景吸引

通过暗示客户现在的处境不佳，来说明自己的产品对客户来说是多么重要，并且夸大产品的使用前景，让客户上当。比如一家英语培训机构，一位业务员对一位女士说："你想啊，你老公这么有地位，而你和他差距这么大，早晚他会有变心找'小三'的可能！不可不防啊！所以你必须赶紧学习外语，跟上他的层次，才能保住你的婚姻！这方面的教训可是太多了！"

这一类的销售手法，英语名叫"suffer"，意思是"使之痛苦"。让客户感到"自卑"，只能购买自己的产品才是最好的解决办法。于是，冲动型的客户很容易就上当受骗了。

夸大其词和骗术，完全是为了通过语言把产品卖出去，丝毫不管这个产品是否优质，是否适合客户，价格是否合理。这种销售策略极不明智，因为客户早晚会发觉自己被愚弄了，到那时，你的形象，公司和产品的形象，就会轰然坍塌！

专家指点

1. 千万不要为了卖出去东西，就开始对客户进行欺骗，对自己产品的优点和好处夸大其词，这种做法虽然在短时间内可以提升你的销售业绩，但是后果将不堪设想。

2. 对客户的欺骗和谎言是销售的天敌，不可能让你的事业天长地久。

不要以命令和指示的口吻
与客户交谈

一位三十多岁的男子径直走到电器商场的手机柜台前，看了两眼，问："这款手机多少钱？"

一位年轻漂亮的销售员扬着眉头说："你还是买另一款吧，刚才那个机型，我认为实在太笨重了！"说着，就拿出另一款小巧玲珑的手机，推到男子面前，让他先看看。

男子白了她一眼，说："我自己想用什么样的手机，难道还得你说了算？把这个拿回去，我就要刚才那一款！"

在这里，销售员犯了一个营销大忌：对客户的选择进行干预，而且那种强硬的命令性口吻让客户生厌。很显然，她没有对客户进行仔细的观察。这位男子进了手机卖场，没做任何比较，直接找到了这款手机，并且询问价格，说明他之前已经对该产品"情有独钟"，此次前来，就是想直接购买。作为销售员，就算你真的想让他选择另一款高价格的手机，也应该用一种比较委婉的口气说出，而万万没有必要贬低这款他已经中意的手机。

销售人员的说话要有技巧，沟通要有艺术。我们知道，诱导客户购买是销售语言的基本目的，但需切记的是，不要试图以命令和指示的口吻与客户交谈。尤其当客户对别人的"支配"表现得非常敏感和厌恶时，更不要居高临下地支配客户做你希望看到的事。

管好自己的嘴，要知道什么话应该说，什么话不该说。有些销售员不了解客户的需求，销售产品的过程就像在黑暗中走路，白费力气而又看不到结果，于是就想直截了当，使用命令性的语言，"强制支配"客户产生购买某款产品的需求。如果你不具备这方面的良好技巧，那么这样做的结果，只能是将客户越推越远。不知道所忌，就会造成失败；不知道所宜，就会造成停滞。

命令与指示性的用语，会伤及客户自尊，让客户强烈地感觉到自己的购买选择在受卖方的支配。那么他宁愿不消费，也不会"屈从"于你的"指示"。

学会微笑与询问，胜过意图明显的"命令"。

在与客户交谈时，让自己始终保持微笑与平和的态度，要比命令或指示性的用语更有效。说话轻柔一些，语气随和一些，多采取征询、协商或者请教的口气与客户交流，切不可采取命令和批示的口吻。

微笑是最有魅力的销售语言，礼貌的询问则是打开客户心灵之门的钥匙，是你和客户之间平等沟通的桥梁。

美国的销售大师玫琳凯说："有效的沟通是最重要的，如果客户对你反感，那么你的口才再好，对销售也无济于事。在销售中，让自己多去询问客户的需求，而不是过分功利地指示让客户怎么做！"

与客户交谈是为了发觉客户的需求，而不是直接达到交易。但是很多销售人员总是不知不觉地就命令客户做事，从不考虑客户自己情愿不情愿，也不考虑客户的感受，这是销售中的大忌。作为销售者，你一定要清楚自己的身份，你不是警察，客户也不是罪犯，你没有资格来命令客户！

成功的销售就像医生替病人看病。好的医生在治疗之前，一定会问病人许多问题。譬如，医生会问："你什么时候开始感到背部疼痛的？那时你正做什么呢？吃过什么东西？摸你这个地方会痛吗？躺下来会痛吗？爬楼梯或者弓下身子时，会痛吗？"

这样的问话，会让病人觉得内心温暖，也就很愿意配合医生的治疗。如果这个医生上来就命令："脱了裤子，躺到床上！"或者用不容置疑的口气说："趴到床上，不要动！"病人会觉得莫名其妙，或许会服从医生的话，但内心一定特别反感。

一个卓越的销售员，就像一名成功的医生，不仅能够取得客户的信赖，还能获得他们的感激。

销售员可以控制销售过程中的气氛，但不能摆布客户。

"控制气氛"的意思是：销售员在客户面前，要让自己具有一种权威的态势，好像病人眼中的医生，能主导现场的气氛，掌握谈话的走向。因此，适当的"命令"可以出现，但是这种命令绝不能是"没有理由的摆布"！

一位成功的销售员卡多尔福曾向参加培训班的学员介绍经验，他说："控制现场气氛的主要目的，是让客户随时注意我的谈话。有时，客户会有意无意地岔开我的话题，借以避开做出购买的决定，因为他还没拿定主意。比如，他们会以一杯咖啡、一支烟等来分散我的注意力。我们一定要让自己保持思考，此时不要陷入被动。所以，即便口渴得要命，我也绝不会因为客户的一杯水而停止正在谈论的话题。如果不能控制现场气氛，那你销售成功的机会将变得很小！"

但是这并不意味着，你可以随心所欲地控制谈话气氛，包括任意使用命令和指示性语气。在适当的时候，一些"小命令"是可以出现的，这需要你给它们一个美丽的包装，让客户情不自禁地接受，顺着你的思路往下走，直到拿出钱包或者签字笔。

在这方面，布料销售员迈克相当擅长。在销售的过程中他总会恰到好处地给客户一些"小命令"，以便继续下一步的介绍。但是客户并没有因为这些"命令"而感觉不愉快，这是因为迈克发出命令的时机恰到好处。

比如，迈克让客户念出布料的编号："请把它的编号告诉我，好吗？"或者说："摸摸这块布料！"以及"站在后面一点，我让你看一看"。这些命令式的话语，都是顺着客户的思路来的，是客户正准备做而且需要做的事情，这是"命令和指示"获得成功的奥妙所在。

房产销售员陈女士在销售房子时，也会采用类似的办法。她会请客户走到窗户旁边，让客户看看窗外的美景。有时，她会建议客户看看某一房间，并说："请绕着这房子转一圈，看看周围的环境吧！"

这是命令性的口吻，可是出发点却是让客户看清这套房子的价值。当客户感觉自己需要这么做时，你的"命令"和"指示"就成为一种善意的提醒。而且，你的态度温文有礼，说话的声音柔和甜美，那么在客户听来，不仅不会造成伤害，反而会让他对你十分感激。

人贵有自知之明，销售员要永远记住一条：我不是客户的上级或长辈，我无权命令或指示客户，无权对客户指手画脚，我只是一名销售人员。

专家指点

1. 在与客户谈话的时候，让自己做到面带微笑、和蔼可亲，切忌用命令和指示的口吻和客户说话。

2. 在客户购买产品的时候，不要强硬地告诉客户"应该这样做""不应该那样做"；"应该选择这个""不应该选择那个"。这种自以为是的态度，不但卖不出去东西，反而会把客户越推越远。

避谈隐私问题："八卦"会让你
错过好的销售机会

有一对未婚情侣到某房产推介会看楼盘，想买套房子就结婚。在某公司的楼盘前，一名促销人员格外热情，请这对情侣看了好几套样图，在打听到他们是农村户口在城市工作的年轻人时，就问他们："你们什么时候结婚呀，打算马上就要小孩吗？是自己独住还是会把爸妈接过来一起住呢？"

话刚出口，男孩的脸色就变得有些尴尬，悄悄看了一眼身边的女朋友，没有回答。女孩则是含含糊糊地说："现在还没怎么考虑！先买了住着再说吧！"

促销人员还不死心，又说："买房可不能凑合啊，父母上了年纪，没人照顾，肯定需要到这边来，如果你们的房子太小，到时怎么办呢？我建议你们买一套100平方米左右的两居室，有备无患嘛！"

男孩的脸色很难看，女孩倒还好，淡淡地笑了笑："这也只能住两家，我们两边的父母怎么办呢？"

促销人员这才回过味来，自己挑起了一个敏感的话题，让谈话越来越尴尬，走进了一条死胡同，正不知该如何回答，男孩抓住女孩的手，一把就将她拽走了，两个人去了别的楼盘销售处。

马上要到手的生意，就因为一个错误的话题，白白丢失了。这位促销人员错在什么地方？第一，没有正确判断这对客户的来意，是确定好买什么房子以后过来的，还是准备向专业人员请教？第二，在基本信息没有确定的情况下，她一开口就谈到了年轻夫妻避犹不及的敏感隐私，让气氛变得失去控制，客户为了躲避尴尬，肯定会走开。

众所周知，对年轻夫妻来讲，养老是一个不好轻易涉及的话题，尤其这对情侣面临的现实是：他们来自农村，在城市工作，想买一套房子。那么肯定牵扯到将来两边的父母如何过来居住的问题。这很敏感，只能是小两口关起门来自己商量。作为促销人员，为了多卖几平方米，一张嘴就把这个话题抛了出来，想借此机会劝说他们购买一套大些的房子，显然，只能弄巧成拙。

在工作中你时刻要记住自己的身份，你是一名专业的销售人员，而不是媒体小报的八卦记者，千万不要试图了解客户的隐私。过分关注别人的隐私，只会有损你专业诚实的销售形象，让客户对你产生不信任，使你错过好的销售机会。

这种情况下，销售员最好的选择是不动声色，把各种楼盘的信息向客户简单说明之后，就不要再主动出击，而是听一听他们之间的谈话与想法，了解了具体的信息，再适当插言，推波助澜。如果发现对方非常专业，已经掌握了大量的楼盘资料，早就做好了决定时，那就不要再试图左右客户的选择，更不要涉及他们的隐私。

许多销售员常犯这种错误，对客户的隐私很感兴趣，上来说不了几句话就把方向盘一拐，打探起不属于产品范围的小道消息来。

有一位手机销售员，问客户："先生，您的收入一定很高吧，要不，不会买这种手机的，五千多呢！"对方会把自己的收入情况告知你吗？任何人都会反感。还有的销售员，询问客户结婚了没有，买房了没有，有车没有，这都是对客户隐私的套取，会让客户产生不安全的感觉。

与客户打交道，最重要的是把握对方的需求，而不是一张口就大谈特谈隐私问题。有的销售员可能会说："我没问对方的隐私，谈的都是我自己的事情，难道也不行吗？"

我肯定地说，不行！作为一名销售人员，在与客户宝贵的谈话时间里，将与销售毫无关联的自己的隐私问题和盘托出，有什么积极意义吗？这种八卦式的谈论毫无价值，不仅浪费时间，还浪费商机！

专家指点

1. 对客户的态度并不是越热情越好，如果你热情过度，对客户问这问那，这往往会涉及客户的隐私问题。这样会让客户对你产生反感，而你的热情将会吓跑客户。

2. 也不要把自己的隐私告诉客户，对客户说出自己隐私的人是傻子。不要企图用自己的隐私来收买客户，既然你连自己都敢出卖，客户还怎么敢把自己的事情说给你听？自然也就对你失去了信任感。同时，对客户说出自己的隐私，让你在客户心中丧失了神秘感，甚至是降低了你在客户心目中的形象。

无礼质问，会让客户
产生反感

　　小刘是个性子火暴的姑娘，在家跟父母吵，在外跟男友吵，工作了也喜欢跟同事吵。她换了不少工作，都因为这个坏脾气，干不了多久就只好辞职。现在，她找了一份在汽车城销售汽车的工作，结果上班第一天，就被客户投诉到了销售经理那里，她马上就被辞退了。

　　经过其实很简单，一位年轻的客户围着一辆大众车转了两圈，然后显得很不好意思地问她："请问，这是油门，那是离合器，是吧？"

　　一个刚入道的车友，常问此类问题。这位客户应该是还没学会开车，但是对车很感兴趣，有购买欲望，所以前来咨询。如果销售员能很快想到这一点，那么这就是一次潜在的商机，用很好的交流打动这位客户，建议他先去学车，然后留下联系方式，将来需要买车的时候，他一定会优先选择这里。

　　可是小刘想都没想，眼皮也没抬，就轻蔑地笑了笑，说："你连车都不懂，到这里来干吗？"

　　客户是个年轻小伙，血气方刚，一听就急了，大声说："哪个人一生下来就会开车？"立马找到销售经理，告了她一状。于是，小刘刚做了半天的工作，因为自己的不礼貌，就这么丢掉了。

　　对客户采用质疑性的语气，毫无礼貌地质问，或者鄙视客户的理解力，会让客户产生得不到尊重的感觉，从而对你的服务和你的产品十分反感。这是销售中的大忌，是销售员在谈话中要绝对杜绝的不良习惯。

在业务过程中，有些销售员的确如此，担心甚至鄙视客户的理解能力，就会在介绍产品的时候质问对方："你懂吗？""你知道吗？""你明白我的意思吗？"甚至有人还会说得更过分："这么简单的问题，你了解吗？"

这很让人反感，客户本来就不专业，到这里就是请你这个专业人员给予帮助的，结果扑面而来的是一阵讽刺、嘲笑，说你"恶毒、可耻"也毫不为过。每个人都是有自尊的，谁能容得下你这个陌生人的无端质问呢？花钱买东西还要受卖家的欺负，哪个客户受得了？

如果你担心客户无法明白你的讲解和过于专业的产品信息，你可以采用试探的口吻进行了解："先生，有没有需要我再详细说明的地方？"或者说："先生，我这样说您觉得可以吗？"这样就会比较让人容易接受。如果客户还不明白，就会主动跟你说。

但是很遗憾，这样的场面经常可以看到，销售人员把生活中的语病带到工作中，性格上的缺陷在与客户的交流中无限放大。"攻击"客户，质问客户，怀疑客户，瞧不起客户，乃至侮辱客户的人格。

销售员缺乏理性思考，服务态度不端，对自己的定位不准，就会造成这样的结果。我们与客户沟通，首要前提便是必须尊重客户的思想与观点，在此基础上，找到交流的窗口。

客户买你的产品，说明他有需求，有消费能力；他不买你的产品，说明他自有道理。哪怕你花费了20个小时才把他说服，就在马上要签字的时候，他突然又不买了，你也万不可当庭质问，比如下列这类话：

你为什么不买？

你为什么对我们的产品有成见？是不是故意的？

你凭什么说这个产品不好？

你凭什么说我们公司的服务不到位？

你是不是在耍我？

……

这种质问或审讯的口气会让客户感觉非常不舒服。这是销售员不懂礼貌、不尊重客户人格的表现，会伤害客户的自尊和感情，对自己产品的形象造成损害。请记住，要想赢得客户的青睐与赞赏，切勿质问，切勿急躁！

我给销售员的忠告：永远不要低估客户的理解力，他们往往比你聪明！不要用你的盲点去随意取代他们的优点！

专家指点

1. 切忌用质问的口气和客户说话，这是一种不礼貌的表现，不但会伤害客户的自尊心，而且会影响你在客户心目中的形象。

2. 隔行如隔山，一些你认为很简单的专业问题，可能客户真的是一窍不通，这个时候，需要你耐心地给客户讲解，切忌对客户的无知冷嘲热讽。

人最忌讳的就是"丢脸"——
说话直白让客户感到难堪

中国人很爱面子，有时候，面子比性命都重要。俗话说就是丢脸，掉价，让人笑话了！如果你让客户感到没面子，那你的产品再好，他也不会买！可是很多销售人员并不注意这方面的细节，说话特别直白，常常让客户没有思想准备，十分难堪和尴尬。

有家牙齿美容中心，来了位女孩，想在这里洗牙。登记的时候，负责接待的护士看了看女孩的牙齿，笑起来，说："我还没见过牙齿像你这么黄的女孩，看来你经常抽烟吧！"

女孩登时脸蛋通红，愠怒之极，瞪她一眼："要你管？"挎上包就走了。

护士说的也许是实话，这个女孩可能是个小烟鬼，抽烟把牙齿抽黄了，只好来洗牙。但这种话能如此直白地说出来吗？尤其是在登记大厅里，旁边可能有许多陌生人，会让女孩非常难堪，怎能接受得了？当然会拂袖而去了！

话说得太直白，会让别人认为你缺乏修养。我们每个人都希望与有涵养、有层次的人在一起交流，相反，不愿与那些出口成"脏"的人交往，因为每个人都不想听到不雅之言，怕被伤了面子。在销售中，这是同样的道理，说话直白，让客户没面子，甚至触动了客户的忌讳，对产品的成功销售会带来难以挽回的负面影响。

1．忌讳的话题不能说

比如销售寿险，如何委婉地表达生命逝去的话题，是一种必需的技巧。你最好回避"死亡""没命""完蛋"等不合时宜的敏感字眼。人们不爱听，也不想听。如果你不幸说出了口，那我只能同情你，并忠告你，绝不能再有第二次！你注意了，改过了，便成功在望；你没注意，或者屡错不改，那你就不是一个合格的销售人员！

2．批评性的话语不能说

有的业务新人说话不经过大脑，脱口就伤人，自己还不觉得。作为销售员，上门拜访本来就是客户不乐意接受的事情，而你敲开客户家门的第一句话就是："哎，你家这楼真难爬！"主人二话不说，门就关上了，你就在外面自己掌嘴吧！还有一些话，像"这个茶真难喝！""你的名片真老土！""你穿的这件衣服太难看了，简直丑死了！"这些话都太直白，包含着对客户的轻视、嘲笑和抱怨。客户听在耳里，哪能舒服？不当场翻脸就是给你面子了。

3．有些话必须拐着弯说，旁敲侧击最合适

客户身上即便有一些缺点，他的看法即使有很多错误，我们也不要当面批评，或者直白地表达，更不可以大声地说出来，让别人听见。比如那位洗牙的女孩，护士看到她的牙齿比较黄，可以用关心的语气，低声地说："您一定可以如愿的！我们的服务特别周到！"这样的说法，女孩听了就很受用，会对你报以感激的一笑。

有一个人，十年来始终开着一辆车，没有换过。许多汽车销售员跟他接触，劝他换辆新车。

甲销售员说："你这种老爷车很容易发生车祸，小心点吧！"

乙销售员说："像这种老爷车，破得要死，修理费可是相当可观啦！"

这些话触怒了他，他固执地拒绝了。

有一天，有位中年销售员到他家拜访，对他说："我看你那辆车子还可以用半年，现在若要换辆新的，真有点可惜了！"

事实上，他心中早就想换辆新车了，经销售员这么一说，马上决定实现这个心愿，次日他就向这位与众不同的销售员购买了一辆崭新的汽车。

这位中年销售员的成功之处，就在于他向车主委婉地表明了问题，化直为曲，不仅没有伤及车主的面子，还在赞美的同时说出了自己的目的。

批评与指责解决不了任何问题，只会招来对方的反感与怨恨，让气氛尴尬而又难堪。这是销售的目标吗？当然不是。销售人员面对客户，说话一定要讲究技巧。对一些敏感性的问题，旁敲侧击会比较稳妥。

康德有句名言："对男人来说，最大的侮辱莫过于说他愚蠢；对女人来说，最大的侮辱莫过于说她丑陋。"所以，什么样的话能说，什么样的话不能说，一定要看清交谈对象的身份、需求、性情，做到言之有物，因人施语，让自己的话成为迎面的春风，而不是一把烫脸的烈火。

打人不打脸，骂人不揭短。你当众揭别人的短，让他下不了台，他怎么会买你的产品？不跟你拼命才怪。

专家指点

1. 对于客户的缺点和不足，忌讳直言。而是用客户易于接受的、委婉的口气指出，这样，客户不但不会对你产生反感，反而因为你给他面子而对你倍加感激。

2. 给客户面子就是给自己面子。如果你总是在说话时不顾及客户的感受，客户就会愤怒地离开，甚至恼羞成怒，和你发生争吵，这不仅会影响你的面子，更会影响你的生意。

不在客户面前
贬低竞争对手

　　美国销售高手汤姆·霍普金斯是全世界在一年内销售最多房屋的地产业务员，平均每天卖掉一幢房子。3年的时间，他赚到了3000万美元，27岁就已成为闻名世界的千万富翁。至今，汤姆·霍普金斯仍是这行里的吉尼斯世界纪录的保持者。谈及成功，他说："不要刻意贬低对手，这种念头想都不要想，因为非常愚蠢！"

　　这是一句至理名言。销售者应该拥有绅士风度，可以击败同行，但一定要尊重他们，并因此赢得客户的尊重。敌视竞争对手的态度非常不可取，因为这意味着你站在了全部同行的对立面，表明了你主动与他们水火不相容，久而久之，你一定会失败！

　　在向客户介绍产品时，跟市场上的其他公司的同类产品进行对比，以说明自己产品的优秀，这是销售人员最常用的销售策略。但有不少销售员，往往带有太过强烈的主观色彩，将竞争对手的产品贬得一文不值，希望以此抬高自己。

　　你认为，这样就真的能击败竞争对手，说服客户买你的产品吗？如果真以为能够如此，那只能说，你将销售看得太过简单，把消费者的辨识能力看得太过渺小了。

　　永远不要在客户面前贬低竞争对手。尊重你的对手，客户才会尊重你。这是销售常识。

　　A公司的业务经理小王对客户赵总说："赵总，您千万别买B公司的产品，他们的服务太差了，您买了肯定后悔。而且他们的产品质量也有问题，不是我瞧不起他们，他们那设备简直像老太婆的臭脚，买回去就是个电老虎，光吃电不干活……"

赵总也不应声，只是淡淡地说："是吗？"

第二天，B公司的业务经理小李也约见了赵总，对他说："赵总，我不好评价竞争对手，关于A公司的产品质量，服务质量，您可以自己打听一下再作判断。但是我这边的产品和服务，我是很有信心的！"

赵总笑着说："是的，我听说他们的服务质量有点问题，所以，这批设备我决定从你这里采购！"

相比A公司，B公司的业务经理就非常注意自己的言辞，对竞争对手采取了一种客观的用语——让赵总自己去调查，只注重对自身产品的展示。第一，说明了小李的自信；第二，也表明了B公司善待同行的高品位，提高了自己公司和产品的形象魅力！

一般来说，当你在客户面前评价竞争对手时，最好的办法是欲言又止，含而不露，避免攻击性的词汇，也不可流露鄙视的表情。绝不可给客户一种你在诋毁同行的感觉，这会让客户认为你的品质有问题，不可信，进而怀疑你的产品质量和服务态度。

王先生被企业裁员之后，用攒了半辈子的钱开了一家小饭馆。在他饭馆的对面，还有一家老家号，老板姓解，在当地开了七八年了，生意一直不错。

新饭馆开业没多久，生意就遇到了麻烦，大家都朝解老板的店里跑，因为吃习惯了，很少有人到这边来吃饭。王先生心里很着急，又拿不出什么办法，只好长吁短叹。

他的妻子见此情况，也很着急，每天下班后就过来帮忙。她是个管不住自己嘴巴的人，每次和来吃饭的客户聊天，都要忍不住嚼几句对面解老板的舌头，今天说解家饭馆的菜里有苍蝇，明天说解家饭馆的啤酒是过期的，还说自己亲眼看见过苍蝇和啤酒的出厂日期。

可是自己小店的生意不但没有好转，反而比以前更糟了。经常来的那几位客人，也渐渐地不来光顾了，都去了对面的解家饭馆。

王先生在得知妻子的所作所为之后，非常愤怒。他找到解先生，亲自道歉，并且在店门口贴出了道歉启事。妻子对他的行为很不理解，说："本来生意就冷清，你再这么一折腾，这店干脆关门得了！"

不过，经过了这件事，周围的居民反而都认为王先生是知错就改、特别真诚的一个人，解先生也和他成了好朋友。这么一宣传，来吃饭的客人就越来越多，两家的饭馆都同样红火起来！

诋毁同行，得到的必然是客户的鄙视。只有采取友善的态度，认真分析比较双方产品的优劣，虚心学习对方的长处，发现自己的优势，才会真正树立自己优秀健康的品牌形象。作为销售员，应尊重自己的竞争对手，这会让你在客户面前建立职业营销人员的专业形象。

专家指点

1. 你可以用正当的方法击败竞争对手，但是千万不要用卑鄙的方法诋毁竞争对手。

2. 不要在客户面前诋毁竞争对手，这不仅仅是一个销售人员的度量和胸怀的问题，更是职业道德的问题。

第六章

95%的客户
只相信"专家"

☆

有95%的客户都相信专家，所以，和普通的销售人员相比，客户更愿意购买那些看起来专业的销售人员的产品。如果你还没有成为你所销售产品的"专家"，你就很难成为让客户相信的产品顾问。在销售自己的产品之前，先让自己成为客户心目中值得信赖的专家，这时，就会有越来越多的客户愿意购买你的产品。

客户喜欢专家、顾问式的
销售人员

顾问式营销，起源于20世纪90年代，它是指销售人员以专业的销售技巧，向客户进行产品介绍的同时，还要运用综合的分析能力、实践能力、说服能力完成客户的要求，并且预见到客户未来的需求，提出积极有益的建议。

生活中，我们需要形形色色的产品来满足自己的需求。但作为普通消费者来说，是没办法做到精通每一个行业、每一种产品的。这时，销售人员的专业程度就变得极为重要。

销售人员需要成为客户信赖的业务顾问，为他们排忧解难，提供一切咨询。比如，你卖香水，就要了解这瓶香水的制造过程、原材料、香味的作用、品位和寓意，要让消费者在使用香水的同时，得到很多受益的知识，提高自己的格调；你卖一台空调，就需要你能够根据客户的居住空间，提供最合适的空调机型，并且解决客户的一切技术需要。

消费者喜欢专家、顾问式的销售人员。对销售人员来讲，你所掌握的知识及信息，与客户对比起来，是极为不对等的，你的专业程度远远超过客户。所以，你需要向客户提供的帮助，并不仅仅是卖掉产品这么简单，而是应该让产品在客户的生活和工作中发挥最大限度的作用，并且让客户感觉这笔付出是物超所值。

有一家手表公司，随着人们的生活水平逐渐提高，他们的业绩十多年来也飞速地增长。但是随着经营规模的扩大，公司发现以前屡试不爽的经营策略好像一夜间就失灵了，产品销售越来越吃力，就像掉进了一张渔网。

症结出在哪里呢？新上任的销售部经理经过仔细的调查和分析，发现问题出在老化的销售方式上：

1. 销售人员的角色定位依然停留在销售员和促销员的层次上，卖掉产品就当完成了任务；

2. 现场销售技能不足，言行不专业，没有统一的培训和产品讲解规范；

3. 销售人员的队伍不稳定，缺乏一个专业的能为客户服务到位的团队。

针对这三个问题，他提出了解决方案：为公司建立顾问式营销策略，让客户得到专家式的服务，提高产品满意度，进而推动销售，提升品牌形象。销售人员的专业水平提高了，在手表的形象设计上，加入了更多深层次的内涵，经过一系列的广告投放，用了两年的时间，该公司的手表就成了全国知名品牌。

大多数客户购买手表的时候，并不仅仅是想拥有一个计时的工具，而是在寻求一种身份和地位的象征，想满足精神上的需求。如果销售人员只是针对手表的使用性能大加宣扬，效果往往不理想。顾问式的营销人员，则很擅长利用消费者的精神需求，对产品进行高层次的包装，影响客户的理性决策。

比如，男性适合戴什么样的手表，它的品牌选择、外形、颜色、功能、质地、寓意；最适合女性的手表又是什么样的，今年的流行时尚与去年有什么不同，颜色有什么讲究。还有像装饰品、电脑、手机等各种产品，客户都需要销售人员给予全面而专业的讲解，让客户感觉到，自己不仅获得了一件产品，更重要的是获得了一种品位，一种全方位的服务。

顾问式销售的好处：

1．最直接的益处，就是让客户在收集信息、评估选择和购买决定这三个过程中，得到顾问与专家式的帮助，减少了购买支出，少走弯路；

2．由于可以面对面地交流，体贴入微，服务周到，给客户带来了情感收入，留下良好的服务印象；

3．为企业带来无穷的利益，最大限度地引起消费需求，增加企业的消费机会，树立优秀的品牌形象；

4．让客户产生好的购后反应，企业与客户之间建立双赢的销售关系。

一个满意的客户，是企业最好的广告。专家、顾问式销售的目的，就是让客户成为企业的最佳宣传员。通过一种全方位的专业化服务，无形中让客户与企业建立了一种情感关系，将产品形象深植于客户的心中。像惠普电脑公司的"金牌服务"，让用户得到专家品质的免费的售后服务，这在很大程度上提升了公司品牌形象，赢得了消费者的信赖。

怎样让自己成为顾问式的销售人员呢？

第一，深入了解产品和技术，可以随时为客户提供正确的支持，这是基本素质；

第二，了解你的目标客户，具备甄选与分析客户的能力，根据客户不同的类型，自如地提供合适的服务方案；

第三，增加与客户的亲近感，消除陌生客户的抗拒心理，把握最适当的时机，说服客户主动购买；

第四，销售时，做到有效的开场，有条理的询问，真诚的倾听，专业的介绍，策略性的谈判，能够与客户坦诚相对；

第五，不仅能成为客户的顾问，还能成为客户的朋友。

如果你能领会这些，并掌握相关的销售服务技能，你就会无往不胜。

专家指点

1. 看病的时候，我们都喜欢进专家门诊，其实，客户也是一样。花同样的钱，客户更希望购买那些"专家"销售人员的产品，这样会让他们感觉更安全、更放心。

2. 购买"专家"销售人员的产品，客户不仅买到了产品，同时还买到了除产品以外对产品专业的讲解，这让客户感觉到物超所值。

千万不要像"老鼠怕猫"那样

逃避客户的异议

面对客户的异议与抱怨，你应该怎么办？有些销售员，卖掉产品之前，对客户百依百顺，笑脸相待，亲近得就像一家人；可产品一卖掉，交易一完成，立马变回陌生人，客户再想问些问题，表达一些质疑的意见，就开始不理不睬，竭力逃避问题，甚至翻脸不认人。

95%的客户只相信"专家"。客户心目中的专家，不仅是精通产品的每一个环节，而且是平易近人，有问必答，有难必解，能给他们提供最周到的服务。如果你在卖产品的时候就像猫见了老鼠，嗖地一下就扑上去，而在客户有异议时，却像老鼠见了猫，嗖地一下就躲开，那你就不是一个合格的销售员，充其量只是小品《卖拐》中那个狡猾的骗子，早晚会掉到沟里。

当客户表达异议时，销售员最应远离的三种态度：

1. 漫不经心，答非所问；

2. 不理不睬，形同路人；

3. 逃避问题，推卸责任。

某电脑卖场的销售员李梅，这天费了九牛二虎之力才说服一位男生购买了一款8000元的笔记本电脑。男生本想买一款4000元左右的低档本子，因为他只是用来处理文档，看看电影，但李梅是经验丰富的销售人员，可以说是电脑销售方面的专家，对电脑的性能，未来的走向，说得头头是道。

李梅说："现在电脑产品升级特别快，低端产品一般两年就会被淘汰，你买那种不到4000元的小本子，可能明年就跟不上潮流了，到时升级又不值得，还经常出毛病，早晚还得再买一款新的。你算一算，这是不是重复投入？"

男生心想，说得确实有道理呀！不说投入，就是这么买来买去，也够麻烦的，再说了，身边的同学都是中档以上的笔记本，自己买个廉价本，回去也让他们笑话。

李梅见他动了心，趁机说："你就不妨一次性到位，这款本子的配置相当好，属于高配置，中价格，8000块钱，可以使用三到五年，两年内还可以免费升级，多划算呀！"

作为资深的电脑销售专家，李梅很利索地就将这位学生客户"斩落马下"，抱着这款笔记本电脑回了学校。但是仅过了两个月，男生又抱着本子回来了。原来使用过一段时间之后，电脑主板有些问题，经常无法开机，必须连续地摁上几十次开关才能将电脑打开。

男生很气愤，觉得自己被忽悠了，把电脑包朝李梅的桌子上一放，就说："什么破电脑啊，同学们都笑话我呢！说我花了8000块，买了一个破烂儿！你是不是骗人啊？快给我退货！"

李梅的同事见男生来势汹汹，简直就是"火力全开"地对着李梅开火，都为她捏了一把汗。有一位同事在后面悄悄地揪了一下李梅的衣角，小声说："李姐，别理他，你直接让他打售后服务电话就行了，这件事肯定没有你的责任！"

经验丰富的李梅并没有逃避，而是先站起来，向男生道歉："不好意思！出这样的故障，一定耽误了你不少重要的事情！请到这边来吧，你把详细的情况说一下，我一定按照规定帮你解决！给你一个满意的答案！"

李梅的态度如此真诚，马上就给了男生一个可以接受的回复。男生立刻意识到，自己发这么大火有些过分了。电脑出故障，是产品的问题，销售人员也不可能知道偏偏这一部电脑会出问题。

于是，在李梅的协调下，售后服务中心为男生的电脑免费更换了主板，问题得到了圆满的解决。

李梅能够让愤怒而来的客户满意而归，原因就在于她直面客户的质疑，没有逃避，也没有强硬回击，而是实事求是，本着为客户排忧解难的态度，耐心解释，真诚服务，最终双方皆大欢喜。

现在有很多产品纠纷闹得不可开交，有的甚至闹到法庭上，大都因为销售人员的服务态度极为功利。当客户前来投诉或对产品提出异议时，销售人员冷漠以对，不以善意回应，直接导致了矛盾激化。最后的损失，还得让自己的品牌形象来承担！

售前"猫见老鼠"，售后"老鼠见猫"。造成这种局面的原因，是销售人员害怕被拒绝、害怕异议的心理在作怪。售前不择手段让客户付钱，售后就担心客户找上门来，让自己的业绩受损。

这样的销售员，害怕听到客户说"我不要"，也害怕听到客户说"我考虑一下"。无论售前与售后，他们都担心客户说一个"不"字，更见不得客户表现出强烈的质疑。也因此，他们就很难为客户提供专家、顾问式的服务品质。

当客户有异议和抱怨时，业务员应该如何应对呢？

1. 逃避的态度最不可取，而且容易激化矛盾；

2. 你应该这样认为：客户的异议表示对产品、公司、服务和我本人不满，我有义务代表公司妥善处理；

3. 有异议是好事，什么都不愿意说的人，往往是不买的人；

4. 记得道歉，切记不能发生争执，否则会赢了嘴巴，输了生意；

5. 耐心倾听，了解原因，分析原因，多询问，多利用反问，让客户换位思考；

6. 拿出解决办法，求得谅解，让气氛趋于缓和与正常，说话要慢声细语，礼貌客气，并随时观察客户的情绪；

7. 客户的异议自己无法回答时，绝不可敷衍、欺瞒，或故意卖弄三寸之舌去反驳，而是应该尽可能答复，若不得要领，则尽快请示更高一级主管，给客户最快捷、最满意和最正确的答案；

8. 你要明白：客户的批评是公司前进的动力；客户的异议应该被视为神圣的语言；客户的任何批评意见，你都应当乐于接受；

9. 正确处理客户的异议，提高消费者的满意度，才能为自己创造最大的利益；

10. 从某种程度上说，要打动客户的心，而不是大脑，因为离钱包最近的是心，而不是脑袋。因此，善意回应客户的异议，是销售人员必须具备的职业素质！

专家指点

1. 遇到客户的刁难和抱怨时，千万不要逃避，化解与客户之间的矛盾的最好办法是勇敢而直接地面对问题。

2. 不要忽视客户的抱怨和不满，而是从客户的抱怨中发现自己的缺点和不足，并逐渐地完善提升自己。

数字会让你的话
变得更权威、更专业

食品销售员马克，带着销售新产品的目的拜访老客户班尼先生。当他开始销售谈话时，突然意识到，随着竞争对手的增加，再像以前那样靠交情拉拢生意，恐怕很难奏效了，于是就采取了另一种方式。

他说："嗨，班尼先生，我又来了！如果有一笔生意能为你带来两万英镑的纯收入，你会感兴趣吗？"

班尼的眼睛一下子就亮了："两万英镑？我当然感兴趣了，你说吧！"

马克说："今年秋天，香料、食品罐头和香肠的价格最起码上涨20%，我已经做了严谨准确的市场调查，按照你去年的销售数量，今年你能出售多少这方面的产品，我告诉你吧……"

然后，他就把一系列的数据写了下来，非常准确。这是他的老习惯，对客户的生意十分了解，精确到了每一组数字。他在纸上用这些数字做了计算和预测，得出的结果让班尼先生非常信服。

于是，他马上就得到了食品店老板班尼一笔很大数量的订货，而且预付了超过往年的定金。

在向客户介绍产品、提供服务时，适当结合一些实际的数字来进行说明，会让自己的话更具权威性，更有专业说服力。并且，客户相信这些数字会给他带来真正的帮助，那么他就会主动加深与你的联系，进而相信你帮他做出的选择。

这就是数据的力量！用详细准确的数据帮助客户做出最佳的选择，并让他看到产品能为自己带来的好处究竟有多大。销售员在了解客户的心理需求的基础上，如果能够恰当地使用数字说明，就能让客户更加相信自己的购买决定是正确的，也就更利于产品的销售。

一位销售员到某公司销售高速打印机，和该公司的吴经理进行交流，最后因为两千元的价格差异，吴经理有些犹豫。

这时，销售员说："吴先生，既然您认为高出的两千元钱不能接受，那么我就替您计算一下，这两千元钱是否像您想象的这么不值。"

吴经理说："好啊，如果你能说服我，我当然愿意接受你的报价！"

销售员说："这台打印机的使用寿命是五年，这一点您已经确定了吧？如果用两千元除以五年，贵公司每年在这台机器上面多投资400元。您一年使用打印机的时间应该为五十周，如果把400元除了50，那么每周的投资是8元。"

吴经理点点头："没错。"

销售员接着说："我知道，贵公司会经常加班，所以按照每周使用六天的时间来计算，应该是合理的。那么麻烦您用8块钱除以6，答案是什么呢？"

这个数字，销售员让吴经理自己说了出来："一块三。"

说到这里，吴经理顿时觉得，为了每天节省一块三毛钱，在这件小事上浪费时间实在是一件可笑的事，也显得本公司太没有气魄了，而且，这台高速打印机的质量又是相当不错的，比同类产品都要可靠，于是，笑着接受了销售员的报价。

这位销售员并没有因为已经卖掉了产品就得意忘形地拿着订单离开，而是继续为吴经理算了一笔账："这种高速打印机的功能齐全，还有省时节能的优点，它在一天之内为贵公司创造的利润，节省的人工费，比一个最低工资人员在一小时创造的利润还要多，相比于这一块三毛钱，又算什么呢？"

吴经理听到这里，已经心悦诚服了，频频点头："你说得没错，我们现在就签约吧，本公司日后所有的办公用品，都交给你来代理！"

凭借数字的力量，这位销售员不仅卖掉了一台打印机，还获得了未来的潜在订单。他的成功之处，就在于有翔实数据的加入，他的语言具备更强的说服力，让客户无比信服。

数字在销售中的作用有哪些呢？你要运用数字达到什么功效呢？

第一，体现产品的卖点，尤其是独特卖点。卖点是客户买你产品的理由，销售员如果能用准确的数字说明自己产品的优势，客户就会更加容易地购买你的产品，而不是竞争对手的。

第二，体现产品的优点，让客户量化地看到该产品将会带给他的实惠。比如电脑、手机、空调、彩电等家用电器，详细的数据说明是客户进行对比的最重要的信息。如果你说不出自己卖的电脑硬盘有多少个G，手机的像素有多少万，空调的耗电量有多大，客户显然是不会购买的。

第三，取得客户的信赖，建立一种专业形象。足够的数字说明会让销售人员树立一种专业的销售形象，加深与客户之间的情感联系。

第四，运用数字，可以了解竞争对手的产品，进行优劣的对比，找出不足，扬长避短地制定最佳销售策略。

专家指点

1. 优秀的销售人员不仅要具有好的口才和过硬的专业知识，在适当的时候，使用一些数字来说明事情，往往会让你的话听起来更具有专业性和权威性。

2. 一个善于销售的人，总会把产品的优点数字化、具体化，这样更有利于产品的销售。

让客户感觉到你不是以赚钱为目的，
而是为了帮他解决问题

销售的最终目的就是说服客户购买你的产品，但是只有信任才会产生交易。如果客户根本不想买，或者感觉到你唯利是图，是为了赚他钱包里的钱，那么你是没有办法达成销售目的的。强迫客户进行购买根本称不上销售，而是在光天化日下抢劫。

所以，如果你想与客户进行长期买卖交易，唯一的办法就是从客户的角度考虑，找出他们真正想要的东西，再说服他们进行购买。要让客户感觉到，你不是以赚钱为目的，而是为了帮他解决实际问题。

抱着赚钱的目的去销售，是乞丐心理；而抱着为客户解决问题的目的去销售，则是使者心理。你走访一个客户，不是为了从他那里赚到钱，而是向他推荐一种对他有用（或能帮他赚钱）的产品。就像医生为病人诊断一样，首先是为了帮病人解决病苦，其次才是收取医疗费用。

你要记住：你是光明的使者，在客户面前，你要为他们解决实际难题！为消费者带来便利！当你做到这一步之后，想不赚钱都难！

每一个客户首先考虑的三个问题就是：省钱、挣钱、不花钱。

要想让客户购买你的产品，这个产品要具有三者之中至少一种功效。如果你能够让客户明白，你的产品既能省钱，又可以给他带来非常好的使用价值，何愁产品卖不出去呢？

如果客户不想听你的销售或讲解，那么原因可能有两个：

1. 你没有让他意识到不买的损失是什么，或者这件产品会带给他哪

些实际用途;

2. 尽管他明白这件产品对他非常重要, 但你的销售方式让他很不满意, 因此他对你不够信任, 于是选择其他商家。

在这两个原因中, 销售方式更为重要。如果你接近客户的意图仅仅是为了挣他们的钱, 那么结果就是: 他对你敬而远之! 但是如果你能够为自己的销售找到一个完美的推介途径, 告诉客户, 这些产品将满足他们的哪些需求, 是多么的实惠! 那么, 客户就会打开门, 让你进去, 进而采纳你的意见!

一位销售部经理, 姓张, 现在四十多岁了。十几年前, 他是走街串巷的销售员, 每天背着样品挨家挨户做上门拜访, 十分认真, 从来不抱怨一句。他的业绩非常棒, 公司每年都发给他一笔不菲的奖金, 比其他销售员的五倍还要多, 别人还住着集体宿舍, 他自己已经买了商品房。

有人就问他:"老张, 我们每天早晨在公司集合, 一块儿出门, 傍晚一块儿回来开会, 为什么你一天能拿到这么多订单?"

老张对自己的经验并不隐瞒, 他对同事讲了一个自己上门拜访的例子。有一次, 他敲开一户房门, 出来一位家庭妇女, 没好气地说:"你是谁啊, 来干吗的?"

他很机灵, 眼也很尖, 对方开门的一瞬间, 就看到女人的丈夫站在身后的客厅里, 手里拿着做饭的勺子, 脸上的表情十分愤怒和委屈, 嘴里还不断地发着小牢骚。他马上就意识到, 这一对夫妻正在吵架, 而且很可能是因为做饭的问题。

老张反应很快, 笑着对女主人说:"我是厨具公司的, 正在走访用户, 看看我们公司的厨具在使用过程中有没有什么问题。"

这话正好对到点上, 原来两口子正因为灶具打不着火吵架呢! 那时, 能用上煤气灶是一件不容易的事情, 不像今天这么普及。

男主人说:"那你快来看看吧, 这个煤气灶简直糟透了!"

老张走进厨房, 仔细地看了看, 就说:"这不是我们公司的产品, 怪不得质量这么差呢，估计你们只用了半年不到吧？"

女主人急忙点头："是呀！这么快就坏了！"

老张不失时机地拿出名片，递给他们，说："我们公司代理的厨具，都是最新生产的，质量好，价格低，肯定比这种牌子的强，而且售后服务特别好，你看，我今天不就上门走访来了嘛！我们定期都有产品的使用走访！以后如果你们需要，可以联系我！"

两口子说："不用等以后了，就今天吧，我们现在就订购一套！"

老张讲完自己上门拜访的案例，对同事说："我卖产品，就把握住了一个原则：要让自己的产品对客户有用，让客户需要，然后，结果就是顺理成章的事情了！"

他能够站在客户的角度，为客户的实际需要进行考虑和分析。当客户认识到自己确实需要这么一件产品时，自然就会主动购买，这时再适机推荐产品，成功率就会大大增加！

专家指点

1. 让客户感觉到，你向他销售产品，不是为了赚他的钱，而是帮他解决问题，这样客户就会心甘情愿地购买你的产品，并对你心存感激。

2. 如果你能够让客户意识到，不买你的东西不是你的损失，而是他的损失，他就会主动地买你的东西。

不要不懂装懂，更不要
含糊不清地回答

美国营销专家赫克金有一句经典名言："要当一名好的销售员，首要先做一个好人！"好人就是诚实的人，有一说一，有二说二，在需要说实话的时候，一定不能含糊。这是销售的成功之本，是赢得客户最保险、最有效的办法，也是恒久之道。

每个人都有自己不知道的东西，哪怕是某一产品的专业服务人员。这并不难为情，在与客户交流时，如果遇到了自己无法回答，或回答不全的问题，切记不要不懂装懂，欺骗对方，更不能含糊不清地随便应付，而是实话实说最好。否则，不但失掉客户对你的信任，而且还有损你的产品和公司的形象。

安利的创办人理查·狄维，有过非同凡响的销售生涯。他在讲到销售时，说："我经常向营销人员讲，对于安利产品，你永远都要讲真话，用卓越的产品品质和专业的个人素养来打动客户，而不要言过其实，或者不懂装懂！"

不是专家，就不要让自己伪装成专家；客户相信的是诚实的销售顾问，而不是"披着羊皮的狼"。即便你瞒天过海地将客户哄骗过去，也只能成功一时，早晚会被揭穿。到那时，不仅公司的形象受损，你的个人形象也会一落千丈。

小敏去买手机，在柜台前看来看去，相中了一款可以上网理财的机型，就让销售员替她讲解这个功能如何使用。不巧的是，负责这种型号的销售员不在，临时替班的女孩对这种功能并不太擅长，她很有礼貌地对小敏说："对不起，这种手机我不太熟悉，但我知道它的质量非常不错，上午还看见有一位女士买走了一部呢！我可以帮您叫一下这儿的负责人，他对这种手机非常内行！相信一定能让你满意！"

她说得特别真诚，一边表示了歉意，一边又提出了解决问题的办法。小敏满意地笑了笑，说："可以的！"

于是，一部价格不菲的手机就卖出去了。但是如果这位临时代班的销售员为了自己的面子，逞强逞能，不懂装懂呢？结果就很可能是：她说不清楚这部手机的功能，让小敏听得一头雾水，打消购买欲望；或者她一通胡编乱造，盲目地加上了很多并不存在的"功能"，很有可能，小敏高兴地付了款，拿着手机回到家，才发现不是这么回事，一气之下就来退货，还会投诉她！

有一位刚从业的化妆品销售员，当一位客户向她咨询不同的皮肤适用何种化妆品时，业务尚不精通的她担心这位客户瞧不起她，于是就外行充内行，自己编了一套"理论"糊弄客户。

客户信以为真，拿她当专家，就按她说的去做了。结果，因为抹了不适用自己皮肤的化妆品，脸上起了满满的红疙瘩，简直丑死了！客户一怒之下，把这位死要面子的销售新手告上了法庭！

我们都知道，销售员对产品应该有一个全面的了解，只有这样才能回答客户提出的各种疑问。但是我们也承认，不是任何问题都是销售员马上就能回答的，比如临时有变故，或者产品出了预料不到的问题时，业务人员就难免手忙脚乱、应对无策。

这时，你是选择真诚面对，还是蒙混过关？

绝不可出现的词汇：大概，可能，也许，差不多；

绝不能采取的态度：回避，伪装，应付，打哈哈。

如果自己不甚了解，那么应实事求是向客户解释，虚心承认不足，并马上找公司相应的专家前来解决，尽快让客户满意！因为不懂装懂的结果，不仅会坑害客户，也不利于自己今后的业务发展！

在面对客户疑问的时候，一定不要用回避、伪装、应付的态度来解决问题，更不应该出现那些大概、或许、可能、差不多等模棱两可不确定的词汇。

请记住：客户不会因为你不知道某方面的问题而轻视你，相反，他们会因为你的诚实和谦虚，而对你产生好感！

专家指点

1. 面对客户的提问，千万不要不懂装懂，含糊其辞地回答客户，更不要回避客户的提问，而是要直言不讳地告诉客户不知道，并积极主动地帮助客户找到问题的正确答案。

2. 实话实说，不但不会被客户嘲笑，反而会因为你的诚实，让客户对你更加信任。

先让自己成为专业人士，
然后再来销售产品吧

如果你不够专业，怎么可能成为客户眼中的专家与顾问呢？所以，销售产品之前，就先让自己变成专业人士，详细地了解产品，洞悉服务流程，深入掌握客户的心理与需求，才能成为客户心目中值得信赖的消费顾问，这样，客户才会听从你的建议，购买你的产品。

前面我们讲到了，精通自己销售的产品，是成为专业销售人员的基础，但这还远远不够。更重要的是，你要有专业的态度。你首先应该忠于这份工作，并努力使自己成为世界上最专业的销售员，这不仅是一种理想，更应该是一种信仰！

这里所说的专业，是技能、意志、情感三者合一的代名词。一个成功的销售员，他首先是一个努力地生活与工作的人，为了实现自己的升华，将工作作为一种信仰，并为此付出最大的努力！

美国一家大型百货公司的境外采购员莱妮，是这个世界上报酬最高的雇员之一。她一年的收入高达50万美元，这还不算她获得的额外奖金、股票分红。她的工作成就在公司无人可比，是每名雇员心中的偶像。

谈到她为何能够成功时，该公司的一位高级官员说："我们公司更多地把莱妮小姐看成朋友而不是雇员，因为她对待工作、对待自己的职业态度让我们每个人都充满钦佩！她到我们公司刚好20年了，当时她营养严重不良，体力不足，还有些健康问题，但她第一天上班，就坚决拒绝我让她先调整一天的要求，和其他人一样去参加强度很大的员工培训。她没有一天迟到，认真对待同事与客户，努力适应新生概念，并善于学习！我想说的是，她表现得比任何一个人都专业，包括我！"

"专业"与"职业"是密不可分的，如果你能具备莱妮小姐这样的工作精神，何愁成不了最出色的销售人员？其实成为一个精通产品的专业人员并不困难，这只需要背诵就足够了。但要成为一位真正的职业的销售高手，你需要的就不仅是了解产品与客户，还包括了解自己，与自己的缺陷作战。

什么是真正的专业销售人员？你需要具备下面的八个条件：

1．承受风险的能力，坚强的使命意识，喜欢解决问题，并认真对待客户，仔细做好每一次的访问计划；

2．有赢的欲望，希望抓住他人的好感，有旺盛的精力，坚忍不拔的毅力，敢于挑战异议、抗拒和障碍；

3．感同力强，善于从客户的角度考虑问题，有达成销售的强烈的个人欲望；

4．了解公司的过去、现在和未来的一切信息，并充满信心；

5．通晓公司的产品，就像洞察自己的身体；

6．深入了解公司的各类客户，以及公司的竞争者；

7．知道如何有效地向每一个人销售产品，并且做到对各类客户应对自如；

8．善于运用常识，懂得现场销售的工作程序与责任，是控制气氛的谈话高手。

但是，"专业"不能滥用。即便是销售方面的专家，在向客户介绍产品的时候，也不能动辄就出口成章，用数据和产品用语填塞客户，而是应该通俗易懂，娓娓道来，让客户既能听懂，又能明白其中的道理。

小林从事寿险销售。他在营销培训的时候，听培训老师说"一定要成为客户信任的专家"，于是，牢牢地把这句话记在了心里，心想："我一定要成为专家！"结果一上阵，他就一股脑儿地向客户炫耀，在电话里说自己是保险业的专家，然后把大堆的专业术语抛向客户，不管别人是否感兴趣，是否能听懂，三句有两句都是专业用词。

在与客户见面时，他满嘴都是"费率""债权""债权受益人""豁免保费"等专业词汇，让客户听得一头雾水，丈二和尚摸不着头脑，对这种销售人员客户们躲都来不及，自然也就不可能买他的保险。

如果我们仔细分析一下，就会发现，销售员如果过于"专业"，就是在把客户当作培训班的销售学员了，让人怎么能接受？客户既然听不懂，还谈什么购买你的产品呢？如果能把这些术语用简单的话语来进行转换，让人听后明明白白，才是真正的专业，才能真正达到销售的目的。

专家指点

1. 真正的专家，不仅具备丰富的专业知识，而且具有不断学习、不断进取的精神，在他心中总是客户第一。

2. 作为专家，应具有一定的预见力，不仅能够看到客户看得到的东西，更要看到客户看不到的东西，并且用这种预见力来指导客户的选择。

第七章

学会讲故事

让销售变得很简单

☆

只会讲观点的销售人员无法生存，只会讲事实的销售人员也最多只是75分，而只有会讲故事的销售人员才是真正的优秀者。很多表现活跃，业绩突出，善于打交道的销售者，他们都善于给客户讲故事，并且用讲故事的方法为客户插上想象的翅膀，从而激发客户购买产品的欲望。

为客户编一个
"她"的故事

三流的销售摆出产品；二流的销售对产品表达观点，陈述事实；一流的销售则是擅长讲故事，将观点和事实融入故事，提升产品的档次，打动消费者。

你会为客户编一个"她"的故事吗？一个浪漫感人的故事，会让你的产品变得妙不可言，动人心魄！

有一家钻戒公司为自己的钻戒设计了一个销售广告，集合了文字与影像，编织了一个美丽的故事：一对纯真的情侣，真心相爱，历经磨合，从冬天的白雪，走向春天的繁花，经过夏天的浮华，最终携手迎来秋天的果实！他们坐在秋天的公园里，周围是一片丰收的颜色，枫叶在身边缓缓飘落，代表着成熟与长大。他们含情脉脉地注视着对方，而女孩的手，则似乎无意地放在显眼处。那里，一颗钻戒闪闪发光。旁边写着：两心相系，一生一世！

这是妙到极致的故事广告，利用一个动人的故事，将产品推到大众的面前。用这样一个"她"的故事告诉全天下的男孩：如果你爱她，就去为她买一款这样的钻戒吧！

对销售来说，说服是一件很重要的事。想卖出产品，总要说服客户。如果你能讲出一个好故事，让故事与产品结合起来，就会给客户留下很深刻的印象。所以，学会讲故事，能够让销售变得很简单。这是销售的秘诀，同时也是销售高手的天赋，他们每个人都是讲故事大师！

　　为客户讲一个故事并不困难，实际上，这是销售员的日常工作。你需要在平时就注意收集资讯，加大阅读量，并将得到的信息分门别类，存储在大脑中。当你需要时，就把它们调动出来，加以润色，在合适的时机，结合不同的产品，用合适的方式讲给你的客户。

　　故事销售的好处是什么呢？它可以吸引客户的注意力，故事本身还可以引导出客户的心理需求！这是吸引法则，起源于心理学，百试不爽！只要你想，你就可以为你的客户讲出最具有煽动力的购买故事，让他感同身受，视你的产品为灵丹妙药，并且马上为它付钱，拿着它去追寻属于他自己的完美故事！就像这个成功的钻戒广告！

　　讲故事需要学习，但是更重要的是练习。从现在开始，就向你的客户讲一个动听的故事。你可以把一款手表的名称说成一位帅气王子送给可爱公主的礼物的名称，这份礼物曾经让两个矛盾中的国家和平相处，然后相爱的王子和公主成为两个国家的功臣，并最终得到了属于自己的爱情。于是，这块价值连城的手表就产生了，为的是纪念这段感人的爱情故事。你也可以将你的产品与一个著名的人物联系起来。

　　销售为什么需要讲故事，为什么要将故事讲得浪漫一些呢？因为人都喜欢听故事，尤其是和自己有相似背景的人和事。只要你将这样的故事与产品结合，你就已经成功了一半。

　　只会讲观点的销售不能生存，只能将产品摆出来然后撞大运的销售更是不入流的销售者。要想让自己成为一名销售高手，讲故事的技能是必不可少的。尤其是为客户讲一个"她"的故事，这关系到你的产品是否能够一下拴住这位消费者！

专家指点

要想吸引客户，并让客户购买你的产品，就要给客户讲一个和他有关的故事，让客户和产品产生某种联系。当客户感觉产品和自己有关的时候，自然也就会购买你的产品。

故事帮助客户从不同角度
进行有利于购买的考虑

一位男士在商场看着一件漂亮的衣服。销售人员对他介绍："先生，我们这里的衣服质量非常好，虽然价格有点高，但是这种衣服的质地绝对没说的，不信你可以试一试哦！"

男士听了，面无表情地点点头，根本不感兴趣，就转身去了隔壁的服装区。这里的销售人员迎了上来，看见他正饶有兴趣地望着一件披肩，便上来介绍。她说："先生，您购买这款披肩送给谁呢？如果送给您太太做生日礼物，可以让她早晚披一下，防止感冒！这种披肩的搭配方法一共有六种，样式很多，颜色也非常好看，这些都深受女性的欢迎，我们这儿有一本画册，上面就有详细的使用方法呢！"

这位男士的表情马上显得很有兴致，就向她要了一本画册，认真地翻看起来。最后，他根据画册上的指点，买了一 仵漂亮的披肩，满意地离开了。

其实，第二位销售员推介产品的方法很简单，就是将话题切入客户的生活，以一个假设(太太过生日)将这件衣服与客户紧密地联系起来，并且马上送上了一段浮想联翩的想象(披肩不同样式与颜色的搭配效果)，勾起了客户强烈的购买欲望，因为他被打动了，潜意识里，很想看一看太太披上这件披肩的真实效果。

在这里，销售人员采用的是创造使用情境的办法，以一个假设性的情景，为客户创造了一个"使用这件产品一定会发生的美好故事"，让客户在心理上享受到了舒适与满足的感觉，从而推动他做出购买的思考与决定！

而前一位销售人员，则是将卖衣服当成了一件冷冰冰的生意，硬性地向客户推荐商品，没有给出一个想象的空间，完全是机械化的，很容易让客户期待的心理落空，引起他的反感，最后交易当然会失败。

销售人员的工作，就是向客户提供足够的充分的购买理由。销售的过程，就是不断地将客户从"需要"推向"想要"，然后产生购买的行为。在此过程中，适当的故事(情景设置)让产品与客户的情感相结合，产生了强大的购买推动力。

不同的故事，可以帮助客户从不同的角度进行考虑。你根据自己对客户的判断，可以讲出一个合适的故事，然后让客户做出有利于购买的决定。在这里，故事就成了一件说服的法宝，起到加深客户的印象，促使他下定决心的作用。

技巧是，不同的产品，配套的故事也应该不同。客户的身份、性别和购买目的不一样，你向他进行的故事销售也应该随之变化。

销售故事能起到三个核心作用力：展现力、吸引力还有推动力。这三个作用会在销售的不同环节展现，聪明的销售人员懂得自己的销售现在所处的环节和应该采取的策略，以及需要的借力。他们通过不同的故事，让整个销售过程保持流畅，始终控制着与客户的交流氛围。

让客户做出购买决定，就是关键推动力，是火箭进入太空之前的最后一推，是运动员5000米赛跑的最后冲刺！推动力是什么？是在客户进行是否购买的考虑时，向他提供更充分的购买理由，使他放弃诸如"再转转""再比较看看"的想法，立刻就购买你的产品。

一个好的故事，可以迅速点燃客户的购买激情。请记住，在客户正在考虑是否购买的关键时刻，一定要及时送上一段具有吸引力的故事，让他情不自禁地被打动，让你轻松完成貌似不可能达成的目标！不断地创造销售奇迹！

专家指点

1. 生硬地销售你的产品，倒不如给客户讲一个生动有趣的故事来得实际，在讲故事的过程中，从不同的角度对产品进行分析，从而让客户产生有利于产品购买的想法。

2. 在关键时刻，故事就是客户购买你产品的推动力，一个恰到好处的故事，让客户购买的愿望变成实际的行动，从而达到你销售的目标。

把你的故事讲得
引人入胜的诀窍

真正的营销高手，都是讲故事的好手。讲故事就是为客户设计一个产品的应用情景，让他们看到美好的使用效果。但是，如何将故事讲得引人入胜、妙不可言呢？销售故事有没有什么学之即会，用之即灵的诀窍？

学会讲故事，有七大诀窍：

● 诀窍1：量身定做

根据客户的身份、地位、收入、年龄、性别、购买目的，以及产品的不同，结合当时的场合和气氛，选择合适的故事进行产品销售。这很重要，如果你讲了一个客户不感兴趣甚至很反感的故事，那么就会弄巧成拙，甚至让客户产生厌烦感。

● 诀窍2：细节需具体

故事要有具体的细节，让客户可以用心灵触摸到，感受到，从而可以在脑海中模仿，而且在未来的产品应用中，可以进行套用。比如那个成功的钻戒广告，对于场景的设计，要有实用性。如果你让男女主人公坐在云彩上，而不是公园里的长椅上，效果就会大打折扣，因为观众会潜意识里觉得太虚幻了！

使用客户能够涉及的细节，这是故事打动人的基本因素。让你的故事听上去越真实、越特定化、越有现实感，客户就越能够理解和认同。但是也不能太过详细，比如最好不要涉及具体的城市和地点，让大家都有进行想象的空间。还是以钻戒广告为例，如果你说"上海的公园"，那么观众的感觉一下就冷淡了很多，难道这款钻戒是专卖给上海消费者的吗？难道只有上海的公园才这么浪漫吗？客户会有这种想象空间被剥夺的感觉，从而产生疏离感。

● 诀窍3：场景符合真实生活

只有让客户感觉到这是真实的生活，你所讲的才是一个成功的好故事，才能进而让他对产品感兴趣。只有跟客户可能的生活经历联系起来，让他有所触动，并能体验到可操作性，他才会产生强烈的购买欲望。比如一款相机的销售方，设计了一组去全国各大文化景点旅游拍摄的效果图，地点选用了长城、天安门、青藏高原等几处代表性的景点，既让客户看到了这款相机拍摄出的高清图，又让客户对携着这款相机去这些地方实地体验的感觉很是向往，于是就很容易做出购买决定。

● 诀窍4：偶尔适当的自嘲

在与客户交流时，聊到即兴处，可以偶尔适当地谈论一下自己的困难、糊涂事甚至是无知，衬托出产品的优点。比如当你向客户推荐空调时，你可以说："我现在还没钱买一台空调，每天回到家，就像热锅里的蚂蚁，别提多狼狈了！拿着扇子，拼命地扇啊！也没感到有一点风！"这种自嘲似的讲述，会起到出其不意的效果，首先，会衬托出空调的重要性，并让客户产生心有灵犀的感觉，因为你把夏天没有空调可用的难堪讲了出来，一下子就能促使他下定决心购买！同时，在你自嘲的时候，还会拉近与他的距离，因为很多客户在这时会在你身上看到他自己的影子。

● 诀窍5：轻重有别

故事里的元素，要有轻有重，突出你要表达的信息。故事当然要有趣，但千万别让"有趣"盖过了"产品"的信息。这是一个尺度的问题，有趣的故事要为产品服务，否则故事就对销售毫无价值，你只是讲了一个让客户聚精会神的故事而已。

● 诀窍6：做到灵活改编

同一个故事，对不同的客户讲出来，就要根据需要做出适当的改变。

侧重点可能不同，长短也可能不同，这需要你有随时改编的能力。你可以通过增加细节或改变主人公的身份、故事的情景等重要因素，轻而易举地改编故事，让它适用于眼前的客户。

● **诀窍7：永远别忘了故事的目的**

让故事与销售保持一致，这是永远不能忘记的原则。否则，你的故事就白讲了！换句话讲，你可以让故事吸引客户的注意力，但千万别让客户忽视了你的产品！

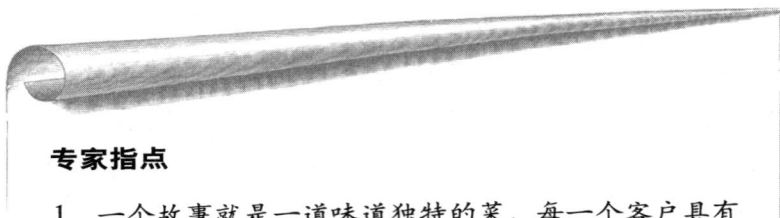

专家指点

1. 一个故事就是一道味道独特的菜，每一个客户具有不同的胃口，所以讲故事要做到因人而异，因地而异，在不同的时间和地点，对不同的客户需要讲述不同的故事。

2. 讲故事的目的就是调动客户对产品的热情，从而加强客户购买产品的信心，所有的这些都是为销售产品服务的，千万不可偏离你最终销售的目的。

每个销售员都一定会讲的
五个经典故事

有关销售的经典故事，你会讲几个？从这些故事中，你每天能体会到哪些销售方面的至理呢？我向销售员推荐五个经典的销售故事，它们会告诉你，销售其实就是一场身体力行的头脑风暴。只要你执着努力，不断开发自己的头脑，你就能成为最棒的销售高手！

● **故事1：最有价值的金人**

有个小国家的使者出使中国，为中国皇帝进贡了三个一模一样的金人，金光闪闪的，把皇帝乐得不行。可这个使者同时给中国皇帝出了一道难题，他问："皇帝，你认为哪个金人最有价值？"

皇帝请了全国最著名的珠宝匠来做鉴定，看做工、观颜色、称重量，结果发现完全一样。这该怎么办？皇帝很生气，难道一个泱泱大国，连这点小事情都做不到？这也太丢中国的人了！

正当皇帝左右为难的时候，一个大臣走上来，胸有成竹地说："陛下，请把这件事交给我吧，我有办法。"于是这个大臣就把手中的三根稻草分别插到金人的耳朵里，最后发现，插入第一个金人耳朵中的稻草从另一只耳朵里出来了；插入第二个金人耳朵的稻草从嘴巴里出来了；而插入第三个金人耳朵的稻草则掉到金人的肚子里去了。

大臣笑着说："我认为第三个金人最有价值！"使者点头微笑，表示答案正确。

故事的启示：最有价值的人，未必就是口才最好、说得最多的人。上帝之所以给每一个人一张嘴巴、两只耳朵，就是为了让我们多听少说。作为一名优秀的销售员，一定要知道，听比说更受客户的欢迎。

● **故事2：离开公司的办法**

一家公司有两位销售员A和B。一天，A对B说："我不想继续在这家公司工作了，我憎恨这家公司。"B说："我非常赞成你的想法，在离开公司之前，你一定要给老板一些颜色看看，让他知道你也不是吃素的，但是我认为你选择现在离开不是最佳时机！"

A疑惑道："为什么？"B说："如果你现在离开公司，公司并没有任何损失，甚至正合老板之意，说不定他也希望你提出离职。倒不如你再在公司待一段时间，并在这段时间里为自己多谈一些客户，当你的能力可以在公司独当一面的时候，你就可以带着客户离开公司，这样才能够让公司遭受更大的损失。"

A认为B说的话很有道理，于是就按照B的见解，开始卖力地工作。

半年的时间过去了，A不再是那个吊儿郎当的员工了，而是拥有了自己很多忠实的客户。当再和B见面的时候，B问道："现在准备得怎么样了，是不是马上就要离职了？"A有些不好意思地说："我不准备离开这个公司了，上周老板单独跟我谈了，他说我现在工作上进步不小，准备提升我当销售部的经理。"

故事的启示：一个人在工作的同时，更是在提升自己的能力。不要抱怨自己得到的不够多，不要抱怨老板不重视你，当你努力工作的时候，付出大于回报的时候，老板就会给你更多升职加薪的机会。

● **故事3：住进监狱的要求**

有三个人要被关进监狱三年，监狱长给他们每人一个可以实现的要求。美国人爱抽雪茄，要了三箱雪茄进了监狱；法国人浪漫，要了一个美丽的女子相伴；而犹太人说，他只要一部与外界沟通的电话。

三年过后，第一个冲出来的是美国人，只见他嘴里鼻孔里塞满了雪茄，他大喊道："给我火，给我火！"原来，他忘记要火了。接着出来的是法国人，只见他手里抱着一个孩子，那个美丽女子手里也牵着一个孩子，肚子里还怀着第三个。

最后出来的是犹太人，他紧紧握住监狱长的手说："这三年来，我每天都与外界联系，我的生意不但没有停顿，反而增长了200%，为了表示感谢，我送你一辆劳斯莱斯！"

故事的启示：什么样的选择决定什么样的生活。今天的生活是由三年前我们的选择决定的，而今天我们的抉择将决定我们三年后的生活。作为销售员，要不断接触最新的信息，了解最新的趋势，才能创造自己更美好的将来。

● **故事4：危机感**

有两个人在森林里散步，突然遇到了一只大老虎。A赶紧从背后取下一双更轻便的运动鞋换上，B急了，大骂道："干吗呢，你再换鞋也跑不过老虎啊！"A笑了笑说："只要我跑得比你快就行了！"

故事的启示：没有危机感是最大的危机！当老虎来临时，我们有没有准备好自己的跑鞋？

● **故事5：秀才赶考**

有位秀才第三次赶考，住在一家经常住的店里。考试前两天他做了三个梦：第一个梦是梦到自己在墙上种白菜；第二个梦是下雨天，他戴了斗笠还打伞；第三个梦是梦到自己跟心爱的表妹脱光了衣服躺在一起，但背靠着背。

这三个梦似乎有些深意，于是，秀才第二天赶紧找了个算命的解梦。算命的一听，连拍大腿叹气道："你还是回家吧！你想想，高墙上种菜不是白费劲吗？！戴斗笠打雨伞不是多此一举吗？！跟表妹脱光都躺在一张床上了却背靠着背，这不是没戏吗？！"

秀才一听，心灰意懒，回店收拾包袱准备回家。店老板看见了感到非常奇怪，就问他："不是明天才考试吗，怎么今天你就要回乡了？"秀才如此这般说了一番，店老板乐了："哟，我也会解梦，我倒觉得，这次你一定要留下来。你想想，墙上种菜不是高种(中)吗？戴斗笠打伞不是说明这次你有备无患吗？跟你表妹脱光了背靠背躺在床上，不是说明你翻身的时候就要到了吗？"

秀才觉得店老板说得更有道理，于是精神振奋去参加考试，居然中了个探花。

故事的启示：态度决定你的未来，积极的人怎么想都能成功，消极的人就算有机会也抓不住！记住，你的成就，只有你自己可以决定！

专家指点

1. 讲故事可以吸引客户对产品的注意力，从而让客户进入短暂的催眠状态，使自己完全投入到一种想象的美好之中，有利于他做出购买产品的决定。

2. 给客户讲故事，会让客户认为你是一个有修养、有学问的人，可以吸引客户主动和你交朋友，并最终成为你的客户。

一天结束之后，一定要问问自己
"我今天讲故事了吗"

当客户需要一种能体现自己身份的矿泉水时，你能否为自己的品牌设计一个相符的应用场景？

当客户希望自己买到的饮料是健康饮料时，你的冰红茶或绿茶能否拿出让客户信得过的营销策略？

还有咖啡，客户的口味五花八门，格调亦是各有所好，你的销售故事能否体现这种咖啡的独特品位，让客户一眼就能发现它，并马上被它吸引？

再比如，很多年轻人喜欢喝的运动饮料，你的饮料如何在销售广告中设计一个体现强烈运动色彩的经典故事？

故事有多重要？

好故事的作用就是吸引力，它能完全体现出产品最重要的特点，将消费者的注意力牢牢锁定。客户会产生无限的想象，想象自己使用这样的产品，会是一副多么美好的情景！他们被深深吸引，无法转移注意力，直到购买。

很多销售人员并不真正清楚故事的重要性，他们往往习惯于"职业"地站在客户的对面，绘声绘色地介绍产品的各种数据，却无法给客户一个充分美好的想象空间。即使客户最后因为自己的生活确实需要这么一件产品而完成了购买，实际上，这样的销售也是不成功的，因为这仅是卖出一件产品而已！

我们以花店作为一个代表性的案例。花店的产品是鲜花，如果你只是想着，这是一束花而已，一件可以卖钱的商品，然后把它们摆放在花店里，等着客户来找到自己需要的那种花，付钱买走，那你永远无法成功，也不可能从卖花的过程中体会到乐趣！因为你的销售没有故事，亦无情趣。

现实生活中，很多客户都叫不出花的名字，说不出花的具体功用，而这点正是销售一方大做文章的机会。你卖的不仅是花，还要借卖花的时机向客户灌输一种企业文化，一种产品概念，让客户成为你的忠实客户，长期来此消费！所以，在卖花时，销售人员就不单要知道花的名字，更应该了解花的知识。

比如，这种花的生长特点、原产地、名字的由来、花的寓意、摆放花的最合适的环境、最适合送给什么人……尤其是这些花背后的故事，你能适当加工，讲给客户听，由此所产生的吸引力是你难以想象的！

如果你是一个讲故事的高手，更会给客户一种权威和可信赖的感觉。在讲故事的过程中，你就把企业的形象与文化无形中灌输给了客户，既增加了产品的吸引力，又建立了一种品牌形象。

比如鲜花，同一种花，有不同的名字，代表着不同的寓意。有些客户，喜欢这个名字，而有些客户，则喜欢另外的名字。如果你告诉他这个寓意，他可能不会买，而如果你让他得知了另一种寓意，他却可能会欢天喜地买下这种花！这就是不同故事的不同感染力。

比如非洲菊，在春节、中秋和元宵节时，要向客户介绍这是幸福花，寓意圆满幸福；在清明节时，要向客户介绍这是非洲菊，寓意对过去的怀念；在情人节或举办婚礼时，要对客户介绍这是扶郎花，寓意相互搀扶一生，不离不弃；而在日常的销售中，则要向客户介绍说这是太阳花，寓意永远充满希望，像太阳一样每天都朝气蓬勃。

你看，同一件产品，就因为不同的故事，不同的寓意，在不同的场合，面对不同的客户，就会体现出截然不同的效果。销售故事的作用就在于此，可以将客户群体无限扩大，见缝插针，让销售变得更加灵活，更加轻松。

销售故事对产品的成功销售影响很大，关系到你是否能取得客户足够的信任，推动与保持客户的购买兴趣。从长远的角度看，它还有利于销售人员进行客户升级，或者销售更多的产品，或者进行重复销售。而且，它还是作为销售员的你，对自己语言表达能力的提升与锻炼。一个不会讲销售故事的人，哪怕他的口才再华丽，对产品的表述再到位，也很难触动客户的心灵。

我们应该从现在开始，在一天的销售工作结束之后，认真地问问自己："今天，我讲故事了吗？"如果没有，那么从明天早晨开始，在你卖掉第一件产品之前，请先讲述一个动人的故事！

专家指点

1. 对于同一种产品，如果你能够为不同的客户讲一个不同的故事，就如同你给了每一个客户不同的购买理由，这就在无形中增加了客户购买你产品的机会。

2. 一个好的故事，胜于对产品100句的介绍；一个生动、有趣、幽默的故事，可以拉近销售者和客户之间的距离，在一定程度上也淡化了你和客户之间紧张而对立的利益关系，使彼此之间的沟通更加轻松自如！

倾听

胜过

夸夸其谈

第八章

客户的话是一张藏宝图，

顺着它可以找到宝藏

☆

客户的话就是一张藏宝图，只要顺着它就可以找到我们需要的宝藏。一名优秀的销售人员，要善于聆听。不仅要善于倾听客户的需要、渴望和理想；还要善于倾听客户的抱怨、异议和投诉；更要善于听出客户没有表达的意思——没说出来的需求。

销售失败并不是因为你说错了什么，
而是因为你听得太少

　　在销售的过程中，我们往往会发现，很多销售人员并没有在客户面前说错什么话，有时可能说得非常出色，但最终这笔生意没有做成，为什么呢？最大的原因就在于我们缺乏足够的耐心，没有给自己时间去真正倾听客户的话，了解他的心思。

　　营销人员每天要面对很多客户，一见到客户就不遗余力地向他们介绍产品的优点，试图以最短的时间说服客户，但我们没有足够的耐心给客户一些时间让他说出自己的需求。事实上我们初见到客户是不可能明白他的真正意图的，只有给客户足够的时间才能最终达到目标。

　　在我们日常生活中，大多数人都是奉行少说话多做事的原则，认为只有不停地去做才有成功的可能。是的，做固然重要，但我们要明白"做"还应当与倾听结合起来。当你了解了更多有关的信息，做起事情就会有事半功倍的效果，所以我奉行"善听、勤做"的原则。

　　做汽车销售工作的小齐就有过因为没有用心倾听而丢失客户的真实经历。一天上午，店里冷冷清清，这时有一个穿着讲究的中年男人来这里看车，小齐热情地向这位客户推荐了一款最新的车。那人对车相当满意，看完之后，就爽快地交了2万元的定金，并决定下午提车，但是10分钟之后，却突然变卦了，告诉小齐，他决定不买车了！

　　小齐为此事懊恼不已，百思不得其解。他怎么也想不通，自己到底错在了哪里，到了晚上11点，他仍在想这件事情。实在忍不住，小齐就拨通了那个客户的电话："先生，您好！我是××汽车4S店的小齐，今天下午我为您服务过，曾经向您介绍一部新车，眼看您就要买下，却为什么突然走了呢？"

"喂，有没有搞错啊，你知道现在是几点吗？这么晚了打来电话！"

"非常抱歉，我知道现在已经是晚上11点钟了，但是我检讨了一整天，实在想不出自己错在哪里了，因此特地打电话向您讨教。"

"真的吗？其实原因在于今天下午你根本没有用心听我说话。就在签字之前，我提到车的磨合期、车的耗油量、车的保修期，以及车辆在山路行驶性能等问题，你却毫无反应，你给我的感觉是你极其不尊重我，让我的自尊心受到了伤害。"

小齐不记得对方说过这些事，因为他当时根本没有注意倾听这些。小齐当时认为这笔生意显然已经是煮熟的鸭子了，他便无心倾听对方在说什么，而是留意起旁边的另一位美女销售员。

这就是小齐失败的原因：那人既然买车，就需要得到对车的全面了解。由于小齐急于成交，没有注意倾听客户的这些问题，失去了客户对自己的信任和好感，最终失去了一次成交的机会。

我们在见到客户的第一眼时，向客户销售自己的产品是对的。但我们要有耐心，要先聆听客户的需求，再对症下药。其实，营销人员应该从客户的角度出发，专注倾听客户的需求，让客户充分表达他的意见和见解，并适时地向客户确认你的理解是不是和他想表达的一致，不要用自己的观点来胡乱地判断或猜测客户的想法。在还没有听完客户的想法之前，千万不要和客户讨论或争辩一些细节的问题，应当尽可能听完客户的陈述并洞悉客户的真正想法。

医生在给病人看病之前，总要询问病人一些问题，用以确定病因，然后对症下药。询问同样适用于营销人员，营销人员如果不询问客户相关问题，就不能发现客户的真正需求。

与询问同样重要的是倾听，把沟通中这两个重要的方面紧密结合起来，就能更接近客户的内心，从而探知客户的需求。

先询问，然后专注地倾听，是发掘客户需求的两个步骤！倾听客户的回答，可以使客户有一种被尊重的感觉。许多营销人员常常忘记，倾听是相互有效沟通的重要因素，他们在客户面前滔滔不绝，完全不在乎客户的反应，结果白白失去了成交的机会。

专家指点

1. 少言是思想者的行为，只有少言才能多思。如果舌头超出了思想，那超出的部分就是废话。

2. 每个人都有两只耳朵，一张嘴巴，这就告诉我们要多听少说。作为销售员，应该具有灵敏的听力，要经常张开耳朵，了解客户真正的需求。

客户不买你的东西，不是因为他不需要，
而是因为你不明白他真正的需求

一个阳光明媚的上午，一个小伙子走进了一家花店，小伙子外表看起来很精神，但表情显得有些凝重。营业员小姑娘热情地迎了上来：

"先生，您好，和女朋友吵架了吧，难免的，恋人嘛。送她几朵玫瑰吧，您看，今天的玫瑰花才从昆明空运过来，开得多漂亮。"

小伙子面无表情，刚想张口，小姑娘又接着说：

"先生，玫瑰代表爱情，送给女朋友，向她道歉，非常的合适。一朵代表忠贞，三朵代表我爱你……"小姑娘一直说着，可小伙子听了她的介绍就是不说话。小姑娘好像明白了什么马上改口道：

"先生，我们店现在在搞活动，如果您现在购买的话，可以给您打八折。如果消费满一百的话，可以免费送您一个花篮……"小伙子还是不说话。

"哦，您觉得送玫瑰花不合适，是吗？"

"嗯，是的。"小伙子开口了。

"那送康乃馨吧。代表深深的歉意。您看，我们的康乃馨也是刚刚空运来的，上面还有露珠。多美啊！先生，您想要几朵呢？九朵吧？好兆头，您女朋友见了一定会非常高兴的。"

小伙子的脸色变得苍白起来。小姑娘看了心里很是奇怪，以为自己介绍错了，想及时更正。

"那就送百合吧，百合也很合适啊……"

小姑娘依旧十分热情地介绍着，可小伙子就是不说自己想要买什么花。小姑娘急了，有些不耐烦地说：

"您到底想要什么啊？"

"今天是我妈妈的忌日……"小伙子说完转身离开了花店。

小姑娘就这样失败了。她没有败在自己的话语或是销售技巧上，而是在没有了解客户的真正意图之前，就妄下论断，向客户盲目地销售自己的商品。客户进了你的店，接受了你的服务，证明他现在有求于你，如果我们没有及时把握客户的心理需求，只能是竹篮打水一场空，到手的生意白白浪费掉了！

营销人员与客户的最大区别就是，前者是供应方，后者是需求方。营销的主旨是"以客户为中心"，但我们要明白"以客户为中心"，其实就是以客户的需求为中心。如果营销人员不能准确洞悉客户的需求，就无法取得客户的认同并达成销售。即使营销人员有再高的销售技巧，客户也不会轻易购买自己不需要的产品。发掘并满足客户的需求，是一切营销的核心。

营销人员在和客户沟通的时候，不但要在沟通中给客户留下好的印象，告诉客户我们会对他有帮助，还要有深邃的洞察力，在最短的时间里弄清楚客户的真正所需，抓住客户的心理弱点，进行产品的诱导和话语的说服，最终达到我们所期望的营销目的。

客户的内心世界其实是很隐秘的，如果我们不给客户足够的时间，让他说出自己的需求，仅靠我们的一张嘴是很难得到客户的真实想法的，更难真正地走入客户的内心。此时，用心的倾听才是获得客户真正需求信息最快捷的方法。

很多时候，客户没有买你的东西，不是因为他不需要，而是我们没有弄清楚他真正需要什么。每个客户在进入一个店的时候，他进去的行为只是表面需要，而他遇到的问题是他的潜在需要。客户的潜在需要才是他的燃眉之急，如果客户遇到的问题不严重或不急，他是不会掏钱购买的。所以，我们只有真正了解客户的需求，才会达到最终的营销胜利。

专家指点

1. 客户的需求是真佛，只有烧对了香，拜对了佛，才会得到我们想要的。

2. 了解、揣摩客户的心思，一定要像男人揣摩女人的心思那样认真、敏锐，这样才能得到她的芳心。

做个好听众，鼓励客户
说出自己的需求吧

聆听是一种艺术，更是一种能力。真诚的聆听，不但让客户从心理上接受你，同时也拉近你与客户的距离，而且可以在聆听的过程中让客户说出自己的需求。用心聆听是每一个营销人员必须学会的本领，并要将它作为自己的"独门绝技"来苦加练习，最终你将可以在销售中"独步江湖"。

一位老太太拎着篮子去楼下的菜市场买水果。她来到一个小贩的水果摊前问道："小伙子，我想问你点事。"

"您说吧，大娘。"小贩回答。

老太太拿起一种水果问道："这是什么水果？"

"这是李子。"

"酸吗？我要酸一点的。"

"大娘，别人买李子都要又大又甜的，您为什么要酸的李子呢？"

"我儿媳妇要生孩子了，想吃酸的。"老太太开心地笑着说。

"大娘，您对儿媳妇真是体贴，听老人们都说酸儿辣女，你家儿媳妇想吃酸的，说明她一定能给您生个大胖孙子。您要多少？"商贩问老太太。

"给我来3斤吧。"老太太听得很高兴。

小贩一边称李子一边继续问："您知道孕妇最需要什么营养吗？"

"不知道。"

"孕妇特别需要补充维生素。您知道哪种水果含维生素最多吗？"

"不清楚。"

"猕猴桃含有多种维生素，特别适合孕妇。您要给您儿媳妇买些猕猴桃回去，她一高兴，说不定能一下给您生出一对双胞胎。"

"是吗？好啊，那就再给我来2斤猕猴桃吧。"

商贩一边给老太太称猕猴桃，嘴巴也不闲着："大娘，您人真好，您家儿媳妇摊上您这样的好婆婆，真是一辈子的福气。我每天都在这儿摆摊，水果都是我当天从水果批发市场批发来的新鲜水果，您媳妇要是吃着好吃，您再来买。"

"行，我一定常来。"老太太被小贩说得很是舒心，付完钱之后乐呵呵地提着篮子走了。

这个小贩之所以成功，完全在于他充满诚意，很认真地聆听老太太的问题，并真诚地去帮助老太太解决问题。小贩在聆听的时候，不但用心，还善于抓住老太太的根本需求。老太太的需求从表面上看是给儿媳妇买水果吃，心疼儿媳妇，但是她最根本的需求是她希望儿媳妇能为她生个又白又胖的孙子。所以，当小贩向他推荐猕猴桃时，她很高兴地就买了，因为这是她的目标和愿望。

任何成功者都不是天生的，营销人员只要抱着虔诚的心态去聆听，就会得到客户的信任，就会得到客户的认同，这样客户才会把自己的需求告诉你，你才能抓住问题的关键，找到你营销中的死结。

客户是营销人员的衣食父母，成功的营销人员不是为了完成一次交易而接近客户，而是把客户当成自己长久的客户和朋友，建立长期的信任关系，在帮助客户的同时，让自己达成销售的目的。

其实，帮助别人，就是帮助自己。服务客户，在满足他们需求的同时来成就自己，这是营销人员必备的基本素质之一。在与客户交往的时候，要像对待自己的朋友一样，富有爱心，让自己做个好的听众，鼓励客户说出自己的需求，并尽可能地帮助客户解决问题，满足他们的需求。在你把客户当作朋友真心对待的时候，客户也会真诚地对你，在购买了你的东西之后，并以一颗感恩的心，"投之以桃，报之以李"。

面对客户，营销人员应该从多个方面挖掘和探知客户的需求。挖掘和探知客户需求的最好手段就是使自己成为客户的倾诉对象。一个以客户为中心的营销人员，必然会自觉地聆听客户的倾诉，懂得站在客户的角度上分析、思考问题，在耐心倾听的过程中了解并满足客户的需求，最终达成交易。

专家指点

1. 一个聪明的销售人员绝不会直接问客户的需求，这往往会让客户产生警惕心理。他们会鼓励客户主动说出自己的需求，然后有的放矢地满足客户。

2. 倾听的不只是客户的需求，更多的是自己的财富和机遇。

在倾听的过程中创造并
寻找最好的成交时机

很多营销人员总是抱怨，明明刚才那个客户是想买这件商品的，但是最后还是没有买。这样的结果不是客户造成的，而是我们自己酿成的。是我们没有及时抓住成交时机。客户愿意对你倾诉他对这件商品的意见，可见他对这件商品很感兴趣，但是，感兴趣归感兴趣，愿不愿意买，还得让我们营销人员来帮他们一下。如何抓住成交时机是一门学问。

对于营销人员来说，捕捉市场信息、发现潜在销售机会并不是问题，真正让他们苦恼不已的是如何辨别真正的销售机会并成功把握它。我们也许可以耐下心来倾听客户的需求，我们也许可以真诚地听客户的倾诉，我们也许可以深邃地洞察客户的需求，但我们可能在最后一个关头失败：该出手时没有及时出手。与客户之间的对话就像是一场拉锯战，我们在这场战争中找到了问题的根本之后，要善于创造机会，果断出手，最终达到营销的目的。

小王带着他的女朋友小丽去逛街，打算给她买一件生日礼物。小丽看上了一套衣服，小王一看标价，2800元，觉得太贵了，可是看到女朋友渴望的眼神，只好跟销售员杀价。

小王："你好，我想给我女朋友买件生日礼物（发现商机），可她看中的这套衣服太贵了，能不能便宜点？"

销售员："不贵（站在客户的对立面）！这可是意大利名牌，又是今年的最新款，我们卖的是最便宜的了（这等于告诉小王，别的店还有，你可以到别的店买）！有心买我给你打个九五折。"

小王："六折！"

销售员："不可能！哪有那么便宜，我进货都进不了，如果有那么便宜，你卖给我好了，我多少都要。这样吧，看你有心，给你最低价，九折！"

小王："这套衣服太贵了，能不能便宜点？"

销售员："是的，这套衣服确实有点贵，像这么名贵的衣服只适合一些高雅的女士穿，你女朋友这么漂亮，穿起这套衣服一定很好看，先穿上试试？"（创造机会，给客户一个购买的身份，同时引导客户体验拥有的感觉。）

（当小丽试穿上衣服时）

销售员："你看，多好看！（对小丽说，其实是说给小王听）你真幸福，有这么好的男朋友，我在这个店工作已经三年了，以我的经验，只有那些很爱他女朋友的男孩子才舍得买这么名贵的衣服给他女朋友。好羡慕你啊！"（及时出击，达到营销目的）

……

话说到这里了，小王能不买吗？如果再不买的话，那后果就很严重啦！

在这里，销售员之所以能成功，关键在于她能及时创造机会（给客户一个身份），并在恰当的时候（小丽换上衣服后）及时把握机会，采用攻心法，而不是一味地向小王介绍这件衣服有多么好。销售人员胜在了自己把握客户心理的能力，更胜在了及时抓住成交时机的能力。

其实，销售机会随时在你身边，关键看你如何把握。如果营销人员仅仅是忙于和客户沟通，忙于聆听客户的心声，忙于销售自己的产品，却忘了创造合适的机会，并把握住这个机会，那他最终还是会失败的。"机不可失，时不再来。"真正聪明的营销人员会和客户建立一种和谐的关系，维持这种关系，并在恰当的时候把握机会，将自己的产品销售出去。

专家指点

1. 在成交之前，所做的一切工作都是为成交做铺垫的，如果你没有把握住成交的最佳时机，你所做的一切都将是前功尽弃。

2. 和客户的谈判不可能无休止地进行下去，不要只顾着和客户交谈，却忘了把握成交的机会，一旦时机成熟，就要速战速决。

第九章

不要只听你想听的，
更重要的是要听客户想说的

☆

对于营销人员来说，倾听是最好的营销方式。我们在倾听的时候，不要只听你想听的，更重要的是要听客户想说的。

人人都有抒发自己见解和需求的欲望，而倾听成了我们对客户的最高恭维和尊重。一个十分挑剔的人，甚至是一名过于极端的评判者，他也能在一个能忍耐的倾听者面前屈服。

永远是"耳听为虚，
眼见为实"吗？

永远都是"耳听为虚，眼见为实"吗？不，答案是否定的。作为一个销售人员，我们虽然相信自己的眼睛，但是我们更相信自己的耳朵听到的东西！

一个真正的倾听者，不仅要懂得用耳朵倾听，更是用心来听。在面对一个人，一件事物的时候，千万不要被眼前的假象所迷惑，不要让自己眼前所见的东西占据自己的内心，而是要用自己的心去倾听。在倾听的过程中，要做到眼到、耳到、心到。用心去听，让自己的耳朵打开客户的内心之门，这样，我们才能够在销售中立于不败之地。

果果和莉莉是一个村的，同时也是从小玩到大的好朋友，高中毕业后，同时应聘到省会一家大商场珠宝专柜当实习营业员。经理告诉她们："你们俩长得都十分漂亮，而且冰雪聪明，都很适合做珠宝销售工作，但我们只需要一名销售员，给你们一个月的时间，谁的营业额高，谁留下。"作为一名实习员工，她们俩都想用自己的实力证明自己，得到这份不错的工作。

一个星期过去了，果果的口才好，能说会道，会说一些客户喜欢听的话，而且她懂得随衣挑人，专挑那些穿着比较高档的客户。她的努力没有白费，营业额是3万；而莉莉不像果果那样见到客户就滔滔不绝，也不会挑客人，她喜欢微笑着静静地倾听客户说话，她的营业额只有区区1万。

两个星期过去了，果果的营业额是5万，莉莉的营业额是2万。

三个星期过去了，果果的营业额是8万，莉莉的营业额是3万。

转眼之间，一个月的时间结束了。还有半个小时就要下班了。而此时果果和莉莉的营业额相差悬殊。果果心中暗喜，自己马上就要获得这份工作了。虽然她心里为自己高兴，同时也为莉莉感到惋惜，觉得莉莉的嘴太笨了，不会说话，也不会挑人，要是她能有自己的能力，也就不会输了。

果果正在窃喜之时，一个衣着普通头发花白的老者向她走来。果果凭借自己的经验，从衣着来看，这个客户是个没钱的主。不过她并没有因为来者的身份而感到失望，反而很热情地向他销售一些比较低档的珠宝。果果滔滔不绝地给老者介绍那些廉价的钻石，不给老者说话的机会。果果想凭借自己的经验做成这单生意。

老者没有说话，只是静静地听果果介绍。果果看老者没有买的意思，激情立即消失殆尽："先生，要买赶快买，我们快下班了。"老者没说话，而是静静地来到了莉莉所在的柜台。

"先生，请慢慢看，喜欢了可以拿出来看看。"莉莉仍然是这种处事风格，给客户充分的时间看。

"我想看看钻戒。"老者说。

"请随我来这边，钻戒在这边，您慢慢看。"莉莉将老者带到钻戒专柜。"您买钻戒是想送给您的亲人吧？"莉莉微笑着问了一句。

"嗯，送给我老伴。年轻的时候没有钱送给她。明天是她60岁生日，想给她补回来。小姑娘，你看哪一款适合呢？你给我推荐一下，我要最好的。"老者边看边笑着说。

"那就要一款经典的吧，既代表您的心意，也具有纪念意义。您说呢？"莉莉拿出了一款经典的钻戒。"您看这款您满意吗？三颗钻石镶嵌在心形的白金钻戒上。很别致，很有纪念价值。"

"不错。我就要这款。"老者很满意，"我想我老伴也会喜欢的。"老者说着就拿出自己的银联卡。

这款钻戒的价钱是5.1万元。最后莉莉的营业额是11万……

莉莉就这样笑到了最后，她不是靠自己的口才，也没有靠什么心计，而是坦诚地去对待客户，用一颗心对待每一位客户，用心去倾听客户的需求。她没有相信自己的眼睛，而是用自己的倾听扭转了战局。一颗倾听的心能够带给我们更多的惊喜。

我们的倾听，不但给了客户好的印象，而且在和客户的交流之中让客户找到了"归属感"。有了你耐心真诚的倾听，客户就不会把自己的内心掩饰起来，而是把自己内心真实的想法告诉你。这个时候，我们也就不必再像"算命先生"那样，去算客户的"生辰八字"了。

很多成功的营销人员不是靠自己的处心积虑来获得客户的需求的，而是靠倾听让客户自己主动地"送上门来"。客户内心的需求，在你耐心倾听的过程中逐渐浮上水面，毫无保留地呈现在你的面前。这样，你就可以在对客户的需求了如指掌的情况下有的放矢，自然也就轻松地成交！

当你面对一个个形形色色、穿着各异的客户时，千万不要以着装来判断客户的层次，这样会丢掉很多能够成交的客户。从现在开始放弃"耳听为虚，眼见为实"的误区，在客户面前，要更相信自己的耳朵，在耐心倾听的过程中，不要再犯"不知者不成交"的错误。相信自己用耳朵听到的往往比用眼睛看到的东西更可靠、更真实！

专家指点

1. 一个真正的倾听者，不仅要懂得用耳朵倾听，更是用心来听。

2. 千万不要以着装来判断客户的层次，这样你会丢掉很多能够成交的客户，不要再犯"耳听为虚，眼见为实"的错误。在客户面前，请更相信自己的耳朵。

不要只听你想听的，更重要的是
要听客户想说的

在倾听的过程中，我们往往会有所选择，对自己感兴趣的东西，我们则会用心去倾听，如果碰到自己不感兴趣的东西，则"人在曹营心在汉"，貌似在听客户说话，实际上心早就飞远了！这样，就很难在倾听的过程中找到自己想要的东西。

交流的最高境界是心与心的沟通，敷衍了事的态度，傻子都能够觉察出来。没有哪个人愿意把自己的心敞开给一个鄙夷、轻视他的人。

在和客户交流的过程中，客户刚刚说了几句和产品主题无关的话，你就开始变得不耐烦了，试图把客户拉回销售的主题，相信这样的销售者，客户绝对不会买账。既然你对客户都不真诚，傻子才会把钱掏给你来赚！要知道，客户不是不愿意花钱，而是愿意把钱花在自己信任的销售者手中。作为销售人员，在和客户交流时，不要只听那些对自己有用的东西，更要学会听客户想说的东西，当你对客户足够了解的时候，你们之间也就真的成为无话不谈的好朋友，客户自然也就会心甘情愿地买你的东西。在沟通的过程中，客户得到了倾诉的满足，而你也达到了成交的目的，各得所需，何乐而不为？

老李的太阳能热水器销售公司最近碰到了一件相当棘手的事情，一名客户痛骂其公司售出的热水器，声称非要退货，还列出了多项罪名，欲将公司告上法庭。老李亲自登门去解决了好几次，可那位先生没什么文化，很不讲道理，说话很难听，每次老李刚想跟他解释，他就开始牢骚满腹、骂骂咧咧，让老李甚感头痛，没有耐心再听下去。就这样拖了三个月的时间，事情发展得越来越糟糕！

最后，公司的一位业务员小王登门拜访了这位暴躁凶悍的客户，并顺利地解决了问题。老李在欣赏小王的能力的同时，很好奇小王是怎样将这个难缠的客户摆平的。

小王谦虚地说："我也没做什么特别的事，在拜访这位客户的时候，我唯一所做的事就是，专注地听对方将满腹牢骚发泄出来，并一再地点头称是。"在听那位客户说话的时候，小王并没有和客户争辩，也没有表现出不耐烦或者轻视的态度，而是认真地听他说话，并不时地点头微笑，表示对对方观点的肯定。最后终于明白，这个客户的热水器并没有出现任何毛病，而是因为他有一个邻居只花了不到1000元就买了一台热水器，而自己的热水器花了将近3000元，他认为自己吃亏上当了，所以强烈要求退货。这个时候，小王立即拿出本公司的销售宣传册，不急不躁地向客户解释说："你买的这款太阳能热水器，所有的材料都是美国进口的最新材料，不但加热快，而且寿命长，更重要的是，它有一种特殊的过滤作用，能将自来水中的漂白粉等有害物质过滤了，减少自来水中有害物质对皮肤的刺激和伤害。"

听完小王的解释，那位先生笑着说："早告诉我呀，我总认为和别人一样的东西，却多花1000多元，这不是明摆着坑人吗，原来是这样的！"从此之后，这位客户再也不吵着要退货了，而是逢人就夸这家太阳能公司的销售人员服务态度好，还主动给小王介绍了不少客户。

小王的成功不是偶然，而是自己本身素质的体现：足够的倾听和耐性。在客户遇到麻烦的时候，他并没有像老李那样，对客户的问题不耐烦地躲避和敷衍了事，而是让自己静下心来认真倾听，了解客户内心的声音，在了解客户真正的想法之后，真诚地为客户解决问题！

听并不难，但是做到把客户的每一句话都听进心里有一定的难度。在销售的过程中，学做一个可以容纳"百川"的听众，并且把对客户的尊重和诚意表现在脸上，这样你将会有很多意外的收获！

诚然，客户也有不对的地方。客户常常把自己当作"上帝"，有各种理由来向销售人员无理取闹。这个时候，千万不要和客户一争高低输赢，最明智的做法就是学会包容，以平和的心态来面对客户的对和错，真诚地倾听客户的心声。

倾听不仅是一个销售者素质的体现，更是对客户尊重的表现。我们可以想象，有哪个客户忍心拒绝对自己真诚而尊敬的人！在客户说话的时候，无论是你喜欢听的，还是不喜欢听的，都要认真地倾听，这在无形中就赢得了客户的心，客户自然也就心甘情愿地掏出自己钱包里的钱！

专家指点

1. 心中装满自己的看法与想法的人，永远听不见别人的心声。

2. 在客户说话的时候，无论是你喜欢听的，还是不喜欢听的，都要让自己认真地倾听，这在无形中就赢得了客户的心。

3. 客户不是不愿意花钱，而是不愿意把钱花在自己不信任的销售者手中。

我们需要得到的是客户

原本的信息，而不是改造后的

俗话说："买卖之间两条心。"也就是说，在销售的过程中，客户和销售者之间的想法永远是不一样的。销售者的想法是，如何把自己最便宜的产品卖最好的价钱，而客户的想法是，如何掏最少的钱买最好的东西，甚至不掏一分钱，就可以得到自己想要的东西。

当有客户主动热情地与你打交道的时候，千万不要喜出望外、得意忘形，很有可能他和你打交道并不是为了购买你的产品，而是为了自己内心不可告人的阴谋。

很多营销人员都将所有的精力放在如何将产品销售给客户这一方面，从而忽视了客户投机取巧的心理意图。在和客户交流的过程中，一定要听懂客户话语中最原始的信息，而不是改造后的信息，你一旦被客户制造出的购买假象所迷惑，你的生意就可能损失惨重。

在一次营销过程中，菁华陶瓷彩绘厂就因为自己的疏忽大意，缺乏辨别客户原本意图的防范之心，结果误入了客户设计的圈套，使自己跌进生意的陷阱之中。

一天，一个自称身居日本的外籍华人来到菁华陶瓷彩绘厂的营销部门，对接待人员说，自己是日本的工艺品代理商，想代理他们厂的陶瓷彩绘在日本销售，并提出了2000万元的购买意向。营销部门很久都没有接到这么大的业务了，这突如其来的喜讯让接待人员喜上眉梢，他们立即向厂部传达了这一喜讯。

第二天，在厂方接待的晚宴上，代理商托言要向日本客户介绍陶瓷彩绘的基本知识，所以想参观陶瓷彩绘的工艺制作过程。唯恐丢了这笔大生意，厂方代表没有多想便应允了。

在厂方众人的陪同下，日本代理商参观了整整一天的时间。代理商的要求近乎苛刻，他不但仔细地察看了陶瓷彩绘制作的全过程，而且还逐字逐句地倾听厂部人员做出的解释，在接连发出赞叹，不断举起相机"咔嚓、咔嚓"拍照时，还不断询问技术熟练的操作工，凡是不清楚的地方都会一一向技术人员请教。代理商的这一举动没有遭到厂部任何人的怀疑和反对，反而称赞日本人做事认真。

经过一番谈判，代理商满载而归，从此一去不复返，留下的那份2000万元的购买意向书，自然就成为一张没有实现的空头支票。让人不可思议的事情是，半年以后，标有英文字样的"日本制造"的陶瓷彩绘，在韩国、新加坡等国的市场上市。由于他们的产品价格低廉，而且质量也不比菁华陶瓷彩绘厂的产品差，所以他们迅速占领了国外几乎所有的陶瓷市场。直到此时，厂部的营销人员才猛然醒悟，可一切都已为时晚矣。

菁华陶瓷彩绘厂在这次的营销过程中，一味地想着销售自己的产品，想着把这单生意做成，而完全没有对客户伪装的信息进行辨别和警醒。其实，当客户提出某种要求时，我们一定要认真听客户的每一句话，从中找到他的真正意图。

每一单生意的背后都有可能隐蔽着一个阴谋和陷阱。作为一名营销人员，我们要时刻保持清醒的头脑，避免在销售的过程中中了客户的奸计，却还傻乎乎地被蒙在鼓中。千万不要把客户当成一个只会掏钱的傻子，说不定他就是你不久之后的竞争对手，正在偷取你的商业机密！

要想辨别客户话语中的真假，方法相当简单，你只需要将客户所说的每一句话都听进心里，并用你的大脑对这些信息进行快速的过滤，提取出客户话语中的重点部分。然后再从这些重点的话语中辨别哪些信息是真的，哪些信息是用来迷惑你的！

"无商不奸"，这是一个亘古不变的真理。营销人员与之打交道的客户不单纯是客户，同时他们也是商人。商战往往会蕴涵很多的"暗战"和"伪装"，要想打赢这场战争，就必须"知己知彼"，不能被利益冲昏了头脑，而"顾此失彼"。

专家指点

1. 千万不要把客户当成一个只会掏钱的傻子。很多和你打交道的客户并不单纯是客户，他们同时也是一个商人。"无商不奸"，这是一个亘古不变的真理。

2. 在和客户交流的过程中，一定要听懂客户话语中最原始的信息，而不是改造后的信息，你一旦被客户制造出的购买假象所迷惑，你的生意就可能损失惨重。

如果听不懂对方的意思，
一定要问一句："您的意思是……"

俗话说：知之为知之，不知为不知，是知也。营销人员不是神仙，也不是圣人，我们也只是普通人，不可能明白客户说出的每一句话。当你不明白客户的意思时，千万不要自作聪明，不懂装懂，然后按照自己的理解来猜测客户的意思，希望自己的猜测能正中客户的下怀。其实，这往往会让你误解客户的意思，甚至会闹出笑话！

如果你实在听不懂对方所说的意思，只需要做一件最简单的事就行，问一句："您的意思是……"这句话给客户传达了一种积极信号：一是你在认真地听他诉说，二是你对他所说的事情很感兴趣。客户听到你问这句话时会很高兴，他们会认为自己终于遇到了一个能够和自己交谈的人，但他不知道，他正在随着你的问话，一点一点将自己的内心需要告诉你。

老A是公司里最受客户好评的销售人员。他总能受到客户的奖励。经常有客户打电话来公司，表扬他文明、高雅、有气质、博学、多才、有胆识。公司的人都很好奇，为什么老A在跟客户谈任何话题的时候，好像都无所不知，总能和客户谈得十分投机。终于在一次公司的客户联谊会上，同事们发现了他的秘密。

那天晚上，公司在市里最大的酒店举行客户联谊会，公司的很多老客户都来了，当然也来了许多新客户。一个同事发现老A和一位刚刚有业务来往的客户坐在一处角落里。出于好奇，他远远地注意了一段时间。他发现那位客户一直在说，而老A好像一句话也没说。他只是有时笑一笑，点一点头，仅此而已。几小时后，他们起身，互相碰了杯酒，起身告辞。

第二天一早，公司经理接到那位新客户的电话，又是夸奖老A的。那位同事很是奇怪，见到老A时禁不住问道：

"昨天晚上我在酒店看见你和新客户在一起的情景。他好像完全被你吸引住了。你是怎么抓住他的注意力的？"

"很简单。"老A说，"经理把那位客户介绍给我，我只对他说：'您对我们这个行业有什么看法？'

"'它的前景很好，中国未来几年里这个领域将会开辟一片新的天地。'客户告诉我。

"'您的意思是……您能详细地跟我谈谈吗？'我说。

"'当然。'他回答。我们就找了个安静的角落，接下去的一个小时他一直在谈论我们公司的业务领域前景。

"我知道今天那位新客户打电话给经理，说他很欣赏我的才华，说很想再见到我，认为我是一个有才华、有意思的谈伴。但说实话，我整个晚上没说几句话。

"我只是一味地问他：您的意思是……"

对他人说："您的意思是……"这足以让一般人激动好几个小时。因为你将你的真诚和兴趣主动地向客户表白，这不但拉近了与客户的距离，更能进一步引导客户说出自己心中的需求，一箭双雕，何乐而不为呢？

很多人抱怨自己很难和客户沟通，很难了解客户的内心需求，疑惑和不解总是充斥于销售者与客户之间。其实，最复杂的问题的答案往往最简单。当你对客户的话充满疑惑的时候，只需真诚地向客户问一句："您的意思是……"一切问题就迎刃而解了。

在销售中，学会正确地向客户提问，会让自己少走很多弯路，这不但让客户认为你对他的话感兴趣，同时也让你在客户面前留下良好的形象。我们在与客户的沟通中，时刻要保持主动，而不是被动，这就需要我们有效提问。"您的意思是……"，一个看似简单的问句，足以让你了解到客户更多的信息，从而就将谈话的主动权掌握在自己手中。

专家指点

1. 知之为知之，不知为不知，当你不明白客户的意思时，千万不要不懂装懂，这样会误解客户的意思，甚至会闹出笑话！

2. 学会正确地向客户提问，这不但让客户认为你对他的话感兴趣，同时也让你在客户面前留下良好的形象。

从客户的谈话中掌握
更多有用的信息

　　对一名营销人员而言，客户的话语无疑是一张通往藏宝之地的藏宝图，只要你读懂了其中的信息，并按照他的方向走下去，你就会找到那个取之不尽、用之不竭的藏宝之地。

　　很多营销人员在营销过程中总是抱怨，客户对自己的产品没有兴趣，对自己要求过于苛刻，抱怨自己在营销的过程中无从下手，处处失败。其实，只要你用心倾听客户的话，并从这些话中筛选出对自己有用的信息，你就会在销售的过程中处于有利的地位。

　　单单是客户话语中蕴涵的无尽的意思，就值得我们倾听，倾听他们内心的种种需求和欲望；倾听他们对你的态度和意见；倾听他们对你的商品的意见和建议；倾听他们未来的购买意向……只要你用心倾听，总能得到一些对自己有用的信息。如果你能够运用技巧，旁敲侧击地诱使客户说出自己心中真实的想法和需求，你的销售就已经成功了一半。

　　李会营师范大学毕业后，不甘于过平凡的数学教师的生活，决定自己下海做生意。他思索再三却不知道做什么生意好。于是就找到已经在装修生意上小有成就的同学史鹏飞，说要去他的公司磨炼一段时间。就这样，李会营来到史鹏飞的公司，做了一名最底层的营销人员。

　　李会营在工作上十分勤奋、认真，不像其他销售人员那样，仅仅是凭着一张嘴不停地向客户销售商品，试图通过客户对产品的无知来说服客户购买。在和客户沟通的时候，他很少说，而是拿着一个本子，很细心地听客户的意见，一边听一边将客户的话记录在本子上，到了晚上再细细琢磨研究。同事都认为他这是多此一举。但李会营坚持下来了。三个月后，李会营记录了满满十个笔记本。他充分地发挥了自己的数学优势，将客户的意见进行统计汇总，然后再进行推断。

第四个月，李会营觉得时机成熟了，就向他的朋友请辞。自己回家开了一家液态涂料装饰公司。

一年半过去了，液态涂料风靡整个装饰市场，李会营成了真正的大赢家。当李会营开着奔驰车来请同学史鹏飞吃饭的时候，史鹏飞很吃惊，他不敢相信眼前的李会营能够那么快地发家。酒过三巡，史鹏飞问出了自己心中最大的疑惑："会营，你是怎么发现液态涂料会在未来成为一种家装趋势呢？"

李会营猛干了一杯说："没什么其他的方法，一句话，多听听客户的心声，从客户的话语中发现商机。"

史鹏飞这时才对李会营一年半之前用本子记录客户的话的行为恍然大悟。

原来，李会营从客户的话语中了解到，大多数客户在考虑家装涂料时，都会考虑涂料里含不含甲醛，而现在大部分的涂料里都含有甲醛，而且颜色太过呆板。李会营从网上搜索发现，液态涂料是一种绿色产品，可以根据客户的要求涂成各种不同的图案。李会营瞅准商机，从而取得了成功。

客户的话语可以向我们传达很多信息，可以给我们很多帮助。它就像是游戏中的金币，谁获得的越多，谁获得的奖励也就越多。只有愚蠢的营销者才会让客户的话语从自己的耳边白白溜走。聪明的营销者是不会放过客户话语中蕴涵的无穷的意思的。

无论何时，都不要轻视客户话中的意思，也许正是客户的一句话，让你做成了一笔大生意，或者使你抓住了一个新商机。对于销售者来说，客户的话就是金玉良言，如果你听懂了，并按照他们的话做了，你也就真正的成功了！

专家指点

1. 客户的话语是一张通往藏宝之地的藏宝图，只要你读懂了，并按照它的方向走下去，你就会找到那个取之不尽、用之不竭的藏宝之地。

2. 客户的一句话，可能就是一个商机，听懂客户的话，就等于抓住了商机。

从倾听中找到一个可以
牵客户"牛鼻子"走的方法

电信局的老处长退休了，换了一位新处长。一家电信公司的几位销售代表多次拜访，想和该局继续进行合作，但都没有成功。原因是这位新处长想要进行革新，彻底摆脱前任留给他的任何东西。

在众人都一筹莫展的时候，新来的业务员刘盼说让他去试试。出人意料的是，刘盼见过那位处长后的第三天，那位处长就主动打来电话和该电信公司继续合作。

很多同事都去和这位处长谈过，都被他拒绝了，只有这个新来公司的刘盼甚得电信局新处长的青睐，所有的同事都很好奇，问刘盼到底是用什么方法迷住那位处长的。刘盼说："我并没有什么过人之处，我只是用了一种最笨的方法，先听他说，然后在听他说话的过程中，找到了一个牵着他'牛鼻子'的方法，让他跟着我走。"

原来，刘盼没有像其他业务员那样，一味地说服该处长使用自己公司的产品。而是先介绍了自己公司的产品在电信局的使用情况，并询问处长对自己公司的产品和服务有什么新要求。局长对公司给予了很高的评价，不过这显然是一些不实际的客套话。

刘盼接着问处长能不能在未来电信网络建设上提些宝贵意见。这位处长在网络建设方面有自己新颖独到的计划和想法，在交谈的过程中，处长提出了要用更高端的纳米交换机代替现在的低端交换机。刘盼问处长打算多久实现这个计划。处长说大概需要两年完成。刘盼接着问处长认为哪个牌子的纳米交换机比较合适呢？局长说了一个信誉和知名度都很好的牌子。

刘盼在这个时候话锋一转，极尽言辞赞美处长的新计划高瞻远瞩，是划时代的，是造福后代的，不但改变了我们城市的电信现状，还为未来的电信发展开辟了一条新的道路。处长很高兴，认为遇到了知己，更是将自己的新计划全盘托出。刘盼耐心倾听，并把所有的谈话内容都一一做了笔录。

回到家里，刘盼立即上网搜索处长说的那家纳米交换机厂的情况，连夜写了份报告，第二天交到了公司老总的办公桌上。公司凭借自己的实力，用两天的时间就争取到了该纳米交换机在该市的独家代理权。

没有办法，处长要想实现自己的计划，只能还和该公司合作，只能无奈地给公司打电话要求续约。刘盼一改营销策略，不再一味地去满足客户的需求，而是反其道而行之，去找客户的弱点。他知道，有时候与其跟着客户走，不如牵着客户走。刘盼抓住了处长的"牛鼻子"，成功地达到了自己的目的。

很多人认为营销人员在营销的过程中是被动的。这种想法是错误的。只要你能用心地倾听客户说的每一句话，并善于思索，就可以从中找出客户的弱点，进而抓住客户的"牛鼻子"，牵着客户走，这个时候，你就可以在销售的过程中变被动为主动，让客户不得不按照你的思路行事。在和客户交谈的时候，找到客户的"牛鼻子"，并牢牢地抓住。到时候，他不想跟着你走都不可能，这就是成功销售的制胜法宝。

任何事情都存在主要矛盾和次要矛盾之分，同样，在客户的需求上，也有主要和次要之分。当你在与客户打交道的时候，如果能够发现并抓住客户内心最主要的需求，然后再把这些需求和你自己销售的产品结合起来，这样一来，销售成功也就是水到渠成、顺理成章的事情！

但是客户的"牛鼻子"并不是那么好抓的，他们往往和老牛一样倔犟任性。

如果你做不到耐心有效地倾听，就很难发现客户的牛鼻子。这就需要你认真地倾听、用心思索，用各种方法引诱客户将自己隐形的"牛鼻子"露出来。

专家指点

在和客户交谈的过程中，不要受到客户的牵制，而是想办法让自己处于主动地位。当自己找到客户的"牛鼻子"，并牢牢地抓住之时，就是销售成功之时。

— 170 —

第十章

客户的反对意见
不是恶魔，而是了解客户的最佳时机

☆

客户的拒绝不是打败我们的恶魔，而是了解客户内心需求的最佳时机。拒绝和成交一样，它们是一对分不开的恋人。

在这个世界上，并没有能够打击你的东西，只有那些容易被打击的人。在面对拒绝的时候，你一定要理清自己的头绪，正确地对待拒绝，并找到解决问题的办法。让自己勇敢地面对客户的拒绝，你最终就会抓住成交的机会！

"拒绝"和"成交"
是一对分不开的恋人

你一定要明白一个道理：你并不是直接通过"YES"把商品卖给客户，而是经过客户无数个"NO"之后，才赢得了"YES"，最终把钱掏给了你。

拒绝并不可怕，可怕的是你被客户的拒绝所击垮，可怕的是你不能看穿客户的拒绝的话语背后的秘密。当你遇到客户的拒绝时，第一反应不应该是挫败感，而是高兴，高兴客户肯定会对你的下一件商品感兴趣。

客户拒绝这件商品，就意味着他有可能会接受你的另一件商品。在营销的过程中，"拒绝"和"成交"从来都是一对分不开的恋人。当你遭到了客户的拒绝，说明它亲密的恋人"成交"已经离你不远了。商机无处不在，真正精明的营销人员能从客户的话语中找到突破口，能从中发现另一个商机。"拒绝"手挽着的就是它的恋人"成交"，但是，并非每一名营销人员都能明白这个道理。

我认识一个销售洗漱用品的销售员。一天，他进了一家商店，看到店主正在忙着理货，他便热情地主动去帮忙，并趁聊天的时机向店主介绍和展示公司的产品。但是店主并没有因眼前这个小伙子的热情帮忙而有所感动，而是对他的产品毫无兴趣。

这位销售员并没有因为店主的冷漠而泄气，他主动打开自己所有的样品向店主销售。出乎意料的事情发生了，店主不但没有接受他的产品，而且暴跳如雷，抢起扫帚向着小伙子扔过去，并愤怒不已地说："如果再敢来我店里骚扰，小心我打断你的狗腿。"

面对如此情形，销售员并没有放弃。他认为，可能是店主对他们公司的洗漱用品不感兴趣，所以才发这么大的脾气，他决定再试一试。第二天，这位销售员又来到了店主面前，向他销售公司生产的另一大类产品——保健品。结果是店主的火气更大，直接把他带去的样品全部扔出了店外。

这个销售员很庆幸，原来店主对保健品也没有什么兴趣。他决定再试试自己的运气。这次，销售员没有冒昧前往，而是多方打听店主如此生气的原因。他明白了事情的真相，原来，店主此前进了另一个销售员销售的麻辣酱，很长时间都卖不出去，造成产品积压，占用了许多资金，店主正发愁如何解决。

了解了这些情况后，这个销售员重新做了安排，他去一家不锈钢小汤勺厂，以很低的价钱进了一批勺子。然后，他再次来到店主面前，建议店主把这些勺子作为促销手段，买一瓶麻辣酱，送一把汤勺，肯定能刺激销售。店主这次没有发火，而是很热情地接受了销售员的建议。

这个销售员在这种一而再地遭到扫地出门的处境下，充分地发挥了自己的坚持精神，同时，他正确地看待客户"拒绝"带给自己的信息，不断寻找突破逆境的途径，看出了"成交"的商机，最终一击中的。

在营销生涯的旅程中永远存在着拒绝，它不会因为你的懦弱而消失。当你在销售中遭到拒绝的时候，不妨想想爱迪生在给整个世界带来光明前，大自然给予他的那一万次拒绝。爱迪生每试验失败一种材料，就意味着下一种材料成功概率的增大。他知道合适的材料不是这一种，就是下一种，如果一次就试验成功了，相信最终发明电灯的人就不只爱迪生一个，而是世界上的很多人都成了电灯的发明者。也正因为一件事具有一定的难度，才体现了它的自身价值。正是因为失败，才找到了成功，正因为遭受了拒绝，才得到了最后的成交。

"拒绝"的背后就是"成交"，这是一条不变的真理。只有那些被"拒绝"击垮的人才会告诉自己，"拒绝"是一个恶魔，是一个无法战胜的怪兽。在营销中，你一定要时刻牢记："拒绝"和"成交"是一对分不开的恋人，只要"拒绝"还在你的身边，就一定能找到它的恋人"成交"。

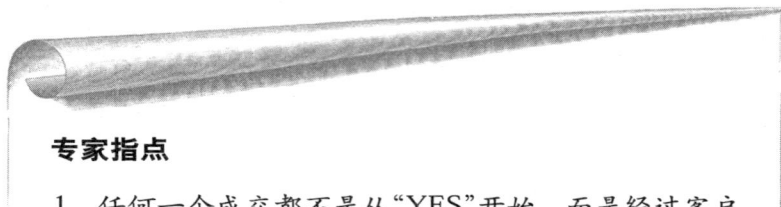

专家指点

1. 任何一个成交都不是从"YES"开始，而是经过客户无数个"NO"之后，才赢得了"YES"，最终把钱掏给了你。

2. 当你遇到客户拒绝的时候，第一反应不应该是沮丧，而是高兴，庆幸客户肯定会对你的下一件商品感兴趣。客户拒绝你的这件商品，就意味着他有可能会接受你的另一件商品。

拒绝才是了解客户内心
最好的方法

面对客户时，有的销售员会说，我一看他就不是一个会买东西的主儿。其实，在很多时候，客户没有买你的东西，并不是因为他不想买，而是因为你在告诉他："千万不要买我的东西！"

听到这话，肯定有不少人大喊冤枉："天哪！我怎么会不让他买呢，我还巴不得他把我的东西全部买光！"但是如果你对客户的态度和看客户的眼神让客户感觉你不值得信任，那么你就是在暗示客户不要买你的东西！

有很多销售者都在疑惑，那些真正想买东西的人究竟长啥样？他们和不买东西的客户有什么样的区别？是啊，每一位客户的脸上都没有写"YES"或者"NO"，我们如何能发现客户对自己的产品是否满意呢？方法很简单：从客户的拒绝中了解。

不要小看客户的拒绝，客户对你拒绝的原因正是你卖不出东西的真正答案，也正是客户的拒绝，让你学到原来不知道的东西。

客户的拒绝是一门深奥的学问，只有深入地学习这门学问，你才能够在销售中立于不败之地。在客户拒绝你的时候，他却在无意中把自己的想法暴露得一览无余，此时也正是了解客户想法最好的时机。

以下几点是客户拒绝你最常见的原因：

1．客户真的没钱(这时，你就没必要再付出努力和口舌)。

2．客户对你的介绍感到疑惑(这就促使我们进一步去解释，以打消客户的顾虑)。

3．客户的拒绝是一种托词（这是要及时发现原因，改变策略）。

4．客户对你介绍的产品根本不感兴趣（拒绝了这种，并不意味着会拒绝那种）。

5．客户对你的印象不好（及时调整，突出自己的其他优点）。

6．客户有了新的钟情目标（用脑子过一下电，看看自己的产品里有没有同类产品）。

由此我们可以知道，客户拒绝你的同时已经告诉了你很多有用的信息，拒绝也成为我们窥视客户内心的最好方法。

刘涛在一家电器商场上班。他工作的时间不长，却在不到三个月的时间里一跃成为这家商场的销售明星。商场上下都对这位初来乍到的年轻人刮目相看。商场经理要求刘涛为所有的员工作一场报告。

在报告会上，刘涛一语惊人："从客户的拒绝声中找到答案。"很多人不明白刘涛的意思。刘涛接着说：

比如你在向一名客户销售一款最新的MP4。客户拒绝你了。他的拒绝话语其实可以向我们传达很多很多的信息。

"呵呵，我这次没有带那么多钱。"这意味着，这位客户没有能力购买这款新的MP4，我们立即改变战略，向他销售另一款价钱比较合理的产品。

"这款的屏幕太小了，看电影不爽。"这意味着，客户购买MP4的主要功效就是看电影，需要你立即给他拿一款更大屏幕的。

"这款没有我刚才在××看的那款好，那款的外音很好。"这意味着客户心中有了心仪的目标，这时，你要立即改变策略，向他推荐一款与他心仪的目标相近的产品。

"我前天刚买过。"这意味着他对你的MP4不会感兴趣。立即改变策略，舍弃MP4，向他销售其他的电器商品。

"你好烦人啊。"这意味着他不满你的服务态度。立即改变策略，比如端杯茶给他，或不再多说话，而是让客户自己静静地挑，尽量改变自己在客户心中的形象。

"××，你认为这款怎么样？"这证明最终决定的不是他，我们立即将目标对准她。

刘涛用自己的聪明和在营销中的实战经验，赢得了在场所有同事们的热烈掌声，并让同事们明白，被客户拒绝，并不是因为自己不努力，而是没有注意到和客户沟通的细节，没有意识到客户拒绝背后真正的意思。

没有拒绝，就没有成交。客户的话语在不经意间已将自己内心的想法告诉了我们，如果我们能从这里面找到一把打开客户内心需求的钥匙，还愁卖不出东西吗？对于销售者来说，拒绝并不意味着失败，而是意味着你离成功更近了一步。客户的拒绝告诉你，他需要什么，不需要什么，客户的拒绝，正是你了解他需求的机会，一旦你真的了解了客户内心真正的需求，你也就真正地达成了这次销售！

一个优秀的销售者不会担心被客户拒绝，而是希望在被客户拒绝的过程中，学习成功的方法。客户的拒绝并不是把你关在失败的门外，而是给了你一把打开成功之门的钥匙。在销售工作中，没有"不被拒绝的销售尖兵"，只有"不畏拒绝的销售冠军"。当你被客户拒绝的时候，不要垂头丧气，而应该满怀感激地说："谢谢您的拒绝，是您让我离成功又近了一步！"

专家指点

1. 不要小看客户的拒绝，客户对你拒绝的原因正是你卖不出东西的真正答案，从客户的拒绝中，你能够知道客户需要什么，不需要什么！

2. 拒绝并不意味着失败，而是意味着你离成功更近了一步。

如果没有客户拒绝的话，我想
天下的销售人员早就都失业了

　　客户不但是商业不断发展的润滑油，更是检验一名销售人员是否合格的试金石。只有有了客户的拒绝，才有了销售失败和成功之区分；也是因为客户的拒绝才成就了伟大的销售员。如果没有客户的拒绝，就没有了营销的意义。如果人人都可以成为一名营销人员，那么，谁来当客户呢？如果没有客户拒绝的话，那么我们销售人员还有存在的意义吗？

　　我想，客户挑剔拒绝的话语消失了，销售这个职业也会跟着消失，销售人员也就都下岗了。作为一名可以促进交易完成的销售人员，我们可以在市场经济体制中发挥着重要的作用：正是销售人员的努力工作，才促成了一次又一次交易的实现，从而促进了商业的不断繁荣发展。如果市场上没有商品卖出，那么商业就等于零。

　　如果人人都能成为优秀的销售员，每一个人都能像乔·吉拉德那样成为一名成功的人，那么销售者也就没有好与坏、成功与失败的区别了。正是因为客户拒绝的存在，从而让不优秀的销售者被淘汰，优秀的销售员脱颖而出。作为一名客户，他们的工作就是使商业在竞争中良性发展。

　　小王在刚刚踏入销售行业之前，听了一位前辈的话，去了一个所谓的"金牌销售人员速成班"报了名，用了整整三个月的时间学习了销售的知识、销售的技巧、销售的奥秘、销售的基本法则、如何抓住客户的心、如何让自己的商品更具价值等课程。

　　"金牌销售人员速成班"毕业后，小王信心满满地加入了销售的行业之中。一个月过去了，小王的销售业绩很差，排在整个销售团队的最后一名。小王很苦恼，他认真地思索了自己在"速成班"中学到的知识，发现自己是严格按照所学的东西来执行的啊，为什么就是没有效果呢？是我的运用不够灵活吗？小王觉得自己终于找到了答案。在接下来的时间里，他极其注意自己对所学东西的灵活交叉运用。但是，客户一次又一次的拒绝让小王逐渐丧失了信心。他断定，自己不适合干销售这一行。

在一个傍晚，小王找到了那位前辈，将自己的困惑和想法告诉了他。前辈问他，你在补习班里都学了些什么。小王将自己所学一字不落地告诉了前辈。前辈一听就明白了。前辈问小王：

"面对客户的拒绝，你是什么想法？"

"失望。"小王答道。

"那么，面对客户一次又一次的拒绝，你有什么感想？"前辈笑了笑，接着问。

"气馁和自卑。总觉得自己不行，觉得自己天生就不是干这一行的。"小王说。

"客户的拒绝对你有什么影响？"

"那是对我的努力的一种不肯定，说明我失败了。"小王答道。

"答案找到了，你还少学了一门课。"

"少学了一门课程？"小王疑惑地看着前辈。

"对，少学了一门：如何面对客户的拒绝。"前辈微笑着说，"作为一名销售人员，必须端正自己的态度，认真面对客户的拒绝。因为那是将你推向成功的动力。只有有了客户的拒绝，你才能知道自己的不足，才有了营销之间的高低之分。如果我们每一个人的每一次销售都能够成功，销售成了一种多余，那这个世界就不会有销售员存在了！"

小王听后，若有所思地看着即将下山的夕阳……

人生的道路上，不可能一帆风顺。我们营销行业更是如此。一次又一次的拒绝，并不意味着我们的失败，相反地，那是将我们推向成功的动力。客户的拒绝，是我们营销人员生存的根本，有了它，才有了营销职业的出现，才有了营销人员努力的方向。要知道：存在的即是合理的。正是因为有了客户拒绝的存在，才有了营销行业生生不息的发展。正是有了客户的拒绝，才使销售具有失败和成功之分，也正是有了失败与成功的区别，才有了可以证明你销售能力的机会。不要害怕客户的拒绝，而是应该感谢客户对自己的拒绝。正是因为拒绝的存在，才让你的能力不断地提升，直到你可以让自己手中的每一单生意成交！

专家指点

1. 客户挑剔拒绝的话语消失了，销售这个职业也会跟着消失，销售人员也就都下岗了，只有有了客户的拒绝，你才能知道自己的不足，才有了营销之间的高低之分。

2. 不要害怕客户的拒绝，而是应该感谢客户对自己的拒绝，正是因为拒绝的存在，才让你的能力不断地提升。也正是因为客户拒绝的存在，让不优秀的销售者被淘汰，优秀的销售员脱颖而出。

不要与客户争辩，就算你赢了
其实也是输了

客户也是凡人，也有七情六欲，也会犯错误，也会出现不礼貌的言行举止等。当一名客户对你怒气冲天、大发雷霆的时候，无论是不是你的错，都要让自己保持冷静，不要试图和客户一争高低。和客户争执，你输了是输了，赢了也是输了！无论你是输还是赢，这对你都是不利的。

我们每个人都知道，"客户就是上帝"。如果你和客户争辩不休，就是对"上帝"的不尊敬。永远不要和客户争辩对与错！这是一个很简单的真理。

世界上的人形形色色，客户也是一样，所以销售人员和客户之间常常出现矛盾或者争执。这个时候，千万不要和客户力争输赢，更不可以怠慢或者谩骂你的客户！

你可能会说，我当然不会有意找客户的麻烦，但是如果遇到蛮不讲理或者无理取闹的客户怎么办？

我告诉你，此时最好的办法就是：闭嘴。在任何情况下，都不要与客户进行争辩，就算你真的在争执中战胜了客户，可是结果呢？你得到的结果却是生意的终止。这就好比一对恋人发生口角，如果一味地争个对与错，高与低，伤了对方的同时，自己也会受伤。一旦这种情况发生，就没有实际上的"赢"与"输"了，剩下的只有"双输"。

说到这里，我不禁想起在我家对面那家西式餐厅的经历：

前几天，我到那家西式餐厅就餐，像往常一样点了麻辣汉堡和香草奶茶。接过奶茶喝了一口后我就停住了，为什么呢？因为我喝到的是草莓奶茶，而我点的是香草奶茶。于是，我回到柜台前，看见刚才接待我的员工正在招呼其他的顾客，我就对另一位服务员说明了情况，她二话没说，转过身去给我拿香草奶茶。就在这个时候，刚才接待我的服务员发现了这个问题："先生，对不起，您刚才点的确实是草莓奶茶，我记得非常清楚……"她的话还没有说完，另一位服务员已经把香草奶茶递到了我的手中。我们三个面面相觑，没有别的选择余地了。

这时，他们的执行经理很有礼貌地对我说："对不起，先生，是我们弄错了，祝您在本餐厅用餐愉快。"之后，我回到了自己的餐桌上享用美食。猛然间，我意识到自己的确点的是草莓奶茶，因为点餐时想的是好长时间没有喝草莓奶茶了，有些怀念，所以"草莓奶茶"脱口而出。而自己的潜意识还认为自己点的是香草奶茶呢！我很感谢他们的服务，因为他们真正理解了服务之道：用包容避免了一次不必要的争执。

释迦牟尼说过："恨永远无法止恨，只有爱可以止恨！"误会不可能通过争辩来解决，而是需要一定的包容和谅解来解决。面对争执，我们首先应该做的就是肯定对方；其次，用类似"但是""可是""然而"等词作一转折，将对方的思维引导到我们需要的道路上来……这样，对方就可以自己想通问题，结果当然是"双赢"！

作为销售人员，无论何时都不要忘记：在与客户的争辩中，无论你胜与负都是负。如果你在争辩中失败了，那你是真的败了；如果你胜了，却把对方的意见指责批得体无完肤，甚至是凌驾于客户之上，那结果仍然还是失败。一个真正成功的销售人员，是绝不会与自己的客户进行争辩的，即使是最细小的争执也要避免——要知道，人类的思想，可不是那么容易改变的。

一个成大事的人，绝不会与人处处计较，以耗费自己的时间和精力为代价，和他们进行毫无结果的辩论和争执。争执不单单是某一方受伤，最终的结果往往是两败俱伤。打个比方，争辩就好比人和狗抢行，最好的办法就是让狗先行，否则，那条狗就会毫无道理地咬你一口，即使后来你把这条狗打死，你身上的伤口也是存在的，而且疼痛也只有你自己来承受！

如果你痛过，就要清醒，不要再因为同样的错误受到同样的伤害。如果你没有痛，也一定要加倍注意，不要在别人提醒过的地方犯错误！在任何时候，都不要和你的客户争辩，请永远记住这句话！

专家指点

1. 任何时候都不要试图和客户一争高低，否则，你输了是输了，赢了也是输了！与客户的争辩中，无论你是输还是赢，最终总是输给客户！

2. 恨永远无法止恨，只有爱可以止恨！误会不可能通过争辩来解决，而是需要用包容和谅解来解决。

第十一章

倾听的核心

就是努力做到暂时忘我

☆

真正的倾听，是建立在对别人的尊重、关心和全身心投入之上的。我们绝不能表现出貌似在认真听客户说话，而把心思放在其他的事情上，倾听的最高境界不仅仅是认真倾听，更重要的是忘我地去倾听。

努力把自己
当成海绵

有一位营销大师给台下几千名崇拜他的学生上课。

这次的课题是：倾听者像什么？

在上这次课之前，营销大师给各位同学布置了一道作业题：用你认为最贴切的物体形容倾听者。

在课堂上，营销大师先提问了这个问题，有的说，倾听者像复读机，要不断重复客户的话；有的说，倾听者像棵大树，要静静地聆听；有的说，倾听者像只小猫，要温顺听话……所有学员都各抒己见，每一个人的说法听起来都十分有道理。

营销大师听完学员们的回答，没有发表任何意见。他向后台的助手示意了一下。一位助手拿了一大块海绵，紧接着又端了两小盆水上来。营销大师看了看台下，问道："同学们，我们如何让一块轻轻的海绵变得厚重而有内涵呢？"

台下的学员们一个个面面相觑，不知道大师的葫芦里卖的是什么药。

大师微笑着走到两盆水前面，拿起干海绵放到了一盆水里。海绵瞬间将盆里的水吸干了。大师拿起吸满水的海绵，接着问："如何让这块吸满水的海绵把另外一盆水里的水给吸完呢？"学员们仍然无计可施，他们认为，海绵已经吸满了水，不可能再吸水了。

大师看出了同学们的疑惑，他用手把海绵里的水拧干，然后再将海绵放进另一个盛满水的盆里，盆里的水瞬间被吸完了。这时，所有的学员才恍然大悟。

在销售中，每一位营销人员都必须把自己当成一块海绵，海绵能吐能吸的特质正是我们追求的终极目标。在需要忘却自我的时候，我们可以将自己拧得一滴不剩，取而代之的是客户的有用信息和意见。当我们需要找回自我时，我们又可以如法炮制，既完成了任务，又没有迷失自我。

销售需要你做客户最忠实的倾听者。倾听是对客户语言的一种欣赏，是对客户的尊重和引导，同时也是对客户信息的索取和利用。在与客户的沟通中，需要做到暂时的忘却自我，用一颗真诚、纯净的心来倾听客户内心最真实的想法。

在与客户沟通的时候，你要把客户当成美味可口的"晚餐"，当成你真心相爱的"恋人"，当成你活泼可爱的小女儿。只有把自己的注意力完全放在客户的身上，你才能从客户身上获得最大的信息。如果你没有做到全身心地聆听，你听到的也只能是毫无意义的只言片语，那些对你最有价值的信息，很可能因为你的不专注而错过。举例说，如果某个教师看到有学生在课堂上神游，就会问他："我讲了些什么？"这个学生可能会复述一些教师讲的东西，却不能真正地理解老师讲的意思。

每一个人的大脑都是装满东西的海绵，在我们的大脑里装满太多世间尘事。在和客户沟通的时候，要想做到全神贯注，不受尘事的干扰，唯一的办法就是，在倾听的时候做到暂时的忘我，像挤海绵那样，把大脑中所有的信息挤出来，心无旁骛地听客户说话，把客户说过的每一句话都存到你的大脑中。当一项任务完成，你的大脑需要吸收更新的东西，这个时候，你就可以把这个客户所说的信息全部挤出来，让自己再吸收更新的信息。无论何时，都要让自己的大脑保持百分之百的储存量，而不会残留任何和工作无关的杂质信息。无论你倾听了多少个客户的倾诉，你仍然是你，销售却成功了……

要知道，一个人的大脑不可能装太多东西，每一个营销人员都必须让自己做一个可以随时挤干的海绵。在需要抛开自己杂念的时候，你能够做到全身心地投入到营销中去，能做到将脑海里的自我挤干挤净，让自己的大脑最大容量地接收客户的信息，全心全意地去了解客户，感知客户。

专家指点

　　每一位营销人员都应该把自己当成一块海绵。在倾听的时候，像挤海绵那样，把大脑中原有的信息全部挤出来，心无旁骛地听客户说话。当一项任务完成，你又可以把这些信息全部挤出来，让自己吸收更新的东西。无论你倾听了多少个客户的倾诉，都让自己的大脑保持百分之百的储存量。做到这一点，你就有可能成为世界上最成功的销售者。

请不要用你的感受来代替
客户内心的真实感受

一位朋友加盟了一家日式餐厅连锁店。在开张之前，日本餐厅总部派来了一位很年轻的小伙子青木一郎来帮他培训店员。

日本人做事就是认真，也很干练，三天时间，不但讲了餐厅的服务宗旨和各种要求，连各种食材的比例都说得一清二楚。朋友很是佩服他。在培训结束后，朋友说要请他吃饭。他说，好的，就在我们餐厅吃吧，我也好上完最重要的一节课。

朋友很吃惊，培训不是结束了吗？怎么还有最重要的一课呢？

朋友和一郎坐在餐桌上。朋友说："一郎，谢谢你的培训，今天想吃什么尽管点。"

一郎没有点餐，而是把所有的店员都集中到了大厅。然后微笑着对他们说："今天，谢谢大家的款待，也谢谢大家在这几天里给予我的帮助和支持，更要谢谢你们留给我的美好回忆。"一郎对各位店员深深地鞠了一躬，接着说："最后，我想问大家一句话，在场的各位，有谁能看出我今天的心情是好还是坏呢？"

店员们经过三天的培训早就和一郎熟悉了，就七嘴八舌地说出自己的意见。出人意料的是，店员们一致认为一郎的心情很好。

一郎问那些店员，为什么他们觉得自己的心情会好。

有的说，我觉得你在中国的任务完美完成了，当然应该感到高兴。

有的说，我觉得你马上要见到自己在日本的亲人了，应该感到高兴。

有的说，我觉得你来到中国，不但传授了知识，也学会了很多中国的东西，满载而归，应该感到高兴。

……

一郎和每位店员握了握手。然后，看着朋友说："告诉大家，我今天的心情非常不好。"在场的人都感到惊讶，因为，无论是从一郎的表情，还是从他的语言来判断，都能看出他的心情非常不错啊。

"我马上要离开中国了，马上要离开你们了，在我内心十分的不舍，感到十分的沮丧。"一郎说着，有些哽咽。"很遗憾，你们都猜错了。但是，我必须告诉在场的各位，千万不要用'我觉得'来猜测一名客户的心情，不要用自己的感受来代替客户的感受。因为你们不是他。这是我们的最后一堂课。"

每个人的内心深处，都有渴望得到别人尊重的愿望。

倾听是一种技巧，更是一门艺术。学会倾听应该是每一个营销人员的责任和职业自觉。但是，很多人在倾听的过程中总是喜欢推己达人，用自己的思想和想法来代替客户的想法，用自己的感受来代替客户内心的感受。这种做法不但不会拉近你与客户的距离，反而会让客户对你有一种排斥感和疏远感，因为客户认为你对他没有足够的重视。

每一个人都有倾诉的欲望，尤其是在喜悦或者烦恼的时候，希望通过倾诉把自己内心的情绪表达出来，同时也希望倾听的人能够真正地理解自己语言的意思。但是，很多人在倾听的时候并不能深入倾诉者的内心，而是一相情愿地用自己的感受去代替倾诉者内心真实的感受，这不但没有让倾诉者得到思想的解脱，反而让他们感觉到世界上没有人能够理解他，从而增加了他们的不良情绪。

在和客户沟通的过程中，你的职责并不是单纯地倾听。在倾听的过程中，不仅要全身心地投入到对话的情境之中，更要学会换位思考。当你能够站在客户的角度思考问题的时候，你也就真正地了解到客户内心最真实的感受。一旦抓住客户的内心感受，就抓住了客户的弱点。

在与客户沟通时，切忌从客户的表情、神色、语言中判断客户的内心感受，这些外在的东西往往是虚假不可靠的，常常欺骗我们的眼睛。试着用自己的内心靠近客户，博得客户的好感，让客户说出自己内心最真实的感受。

切记，无论何时，在没有弄懂客户的真正意思的情况下，别让自己陷入一种盲目的猜测之中，更不要用自己的感受来代替客户真正的感受！错误的猜测，会让客户离你越来越远，从而错过成交的机会！

专家指点

1. 千万不要用"我觉得"来猜测客户的心情。不要用自己的感受来代替客户的感受，因为你并不是他。

2. 在没有弄懂客户的真正意思的情况下，别让自己陷入一种盲目的猜测之中，更不要用自己的感受来代替客户真正的感受！错误的猜测，会让客户离你越来越远，从而错过成交的机会！

学会克制自己——特别是
当你想发表高见的时候

一位朋友最近新买了一辆黄色的别克轿车。我开玩笑说："发财了，这么大气，肯花那么多钱买辆车。"

朋友没有接过我的话茬，而是说："你还别说，我这车买的就是很大气，比市场价高了3000元。"

我很惊讶，立即追问："你傻啊？为什么？"

接着，朋友告诉了我她买这部车的全过程：

买车那天是她的生日，她老公说给她买辆车做生日礼物。她在老公还没有下班之前，就自己先到车店看了。她来到第一家车店，店员很热情，滔滔不绝地给她讲解不同车的型号和特点，以及各种优惠活动。她心里非常烦躁，因为店员根本不顾她的想法，就跟她夸夸其谈起来。根本不给她说话的机会，每当她想表达自己观点的时候，都被销售人员口若悬河的话语打断。

她又进入第二家店，店员同样很热情。但是这位店员很奇怪，在跟她打完招呼后，就静静地跟在她的后面，陪着她看各种型号的车。当她说出自己想了解某种车型时，店员才开始说话。针对某一型号的车，她足足说了十分钟自己的观点和看法，在这期间，店员从没有打断她的话的意图，直到她把自己的话说完，店员才告诉她，她的一些观点是有误区的。

和第一家店不同的是，她觉得这位店员很尊重她，总是按照她的意愿来推荐车的型号。最后，她选中了这辆别克车，问店员这台车当自己的生日礼物怎么样，店员马上送来了一束鲜花，并祝她生日快乐。然后店员真诚地告诉她，这辆车现在缺货，如要提车，需要加价3000元。她当时想都没想，当即决定买下这辆车。

第二个店员和第一个店员都十分热情，但是第一个店员犯了一个致命的错误：在客户面前，不会克制自己，而是不顾及客户的感受，高谈阔论地发表自己的见解，不给客户说话的机会。这就使客户的心里产生一种不被尊重的感觉。第二个店员就比较聪明，自始至终都以客户为中心，让客户尽情地发表自己的意见和看法，给客户一种倾诉的满足感，然后再总结性地发表自己的看法以达到引导客户的目的。

教育家卡耐基说"做个听众往往比做一个演讲者更重要。专心听他人讲话，是我们给予对方的最大尊重、呵护和赞美"。

每个人都认为自己的声音是世界上最悦耳、最动听的声音，并且每个人都有表达自己观点和看法的愿望。在倾听的过程中，一旦意见和客户发生分歧，很多销售者会迫不及待地打断客户的话，在客户面前高谈阔论、抒发己见，试图说服客户听从自己的观点。但是最终的结果往往是，到手的鸭子飞了，客户站到了竞争对手那一边。

请时刻记住，你并不是一个出售自己观点和看法的演讲家，你的工作是尽自己的所能满足客户的需求，并最终让客户购买你的东西。就如同一名医生，他的工作就是给病人看病，解决病人的病痛，他只有听了病人详细的病情讲述之后，才有资格诊断。作为一名营销人员，如果不能够有效地克制自己，总是不顾及客户的意思和想法，口若悬河、高谈阔论，这往往会导致销售失败。

戴尔·卡耐基还说过："当对方尚未言尽时，你说什么都无济于事。"每个人都有一种自我表现的欲望，对于客户而言，他们想要通过在营销人员面前发表个人见解从而向营销人员证明：不要认为我什么都不懂。

其实，很多营销人员都会遇到这样的情况，一些客户为了不被销售人员欺骗而表现出自己对某一产品很内行的样子。此时就算客户的某些观点是错误的，你也千万不要打断他的话，而应该让他把话说完，然后你再用一种委婉的方式告诉客户正确的观点。如果你总是和客户抢机会说话，并毫无顾忌地指出他的错误，他就会认为你这人没有素质，不懂得尊重别人，自然也就不会买你的东西。

俗话说："说得好，不如说得巧。"销售并不仅仅是靠你的口才，还需要你克制自己表达的欲望，把更多的机会留给客户。在关键时刻，如果你能够做到让自己闭嘴，你就会成功地拿到订单！

专家指点

1. 请时刻记住，你并不是一个出售自己观点和看法的演讲家，你的工作是尽自己的所能满足客户的需求，并最终让客户购买你的东西。如果不能够有效地克制自己，总是不顾及客户的意思和想法，口若悬河、高谈阔论，这往往会导致你销售的最终失败。

2. 销售并不仅仅是靠你的口才，还需要你克制自己表达的欲望，把更多的机会留给客户。在关键时刻，如果你能够做到让自己闭嘴，你就会成功地拿到订单！

即使对客户的话不感兴趣，
也要耐心地听人家把话说完

有这样一句话："在现代社会里，消费者就是至高无上的王，没有一个企业敢蔑视消费者的意志。蔑视消费者，一切产品都卖不出去。"

从这个意义上说，客户就是"上帝"。客户的意见就是"圣旨"。对于"圣旨"，即使是我们不感兴趣，也要耐心地把它们听完。如果违背了"圣旨"，就会触怒"上帝"，那就一定会受到"上帝的惩罚"。

在沟通的过程中，一个人大脑思维的速度是说话的四到五倍，而且，并非客户的每一句话都是有用的信息，所以在听客户说话的时候，你总会有走神的可能。如果你总是对客户的话"充耳不闻"或者"答非所问"，就会让客户感觉你很不尊重他，从而使原本很可能成交的一单生意泡汤。因此提醒大家，就算仅仅为了自己的生意，在与客户沟通的过程中，也一定要让自己做到耐心、专心、虚心！

俗话说："酒逢知己千杯少，话不投机半句多。"当你听到客户在谈论一些和你的业务毫不相干的东西时，比如客户跟你讨论你并不喜欢的NBA或抱怨现在的物价又涨了，你总会表现出不耐烦的情绪。如果你真的碰到这样的客户，我劝你静下心来，耐心地听客户的倾诉，也许，当他把话说完以后，你们就真的成了无话不说的知己，那么他购买你的东西也就是顺理成章的事情了。

一个手机连锁公司来学校招聘手机销售人员，经过层层选拔，最终只剩下了两个非常优秀的人，小王和小李，但是公司的录用名额只有一个。

从各方面的考核来看，二者的能力旗鼓相当，两人都在学校担任学生会干部，都有很强的组织能力和口才，而且都在大学期间做过不少兼职工作。究竟舍谁取谁？负责应聘的韩经理开始犯愁了。万般无奈之下，韩经理将这一情况报告给了公司的聂总。聂总想了想说，让他们两个都来前台试试吧。

在公司的安排下，小王和小李来到了公司的销售前台，他们的考核标准是看谁先卖出第一部手机。

韩主任刚刚说完考核标准不到五分钟，就进来一位穿着十分考究的中年人，他径直走到前台，先站在了小李的柜台前。

"先生，请随便看吧，如果需要的话，可以拿出来试一下。"小李很热情地说。

"哦，我想看一下moto E2。"

"噢，对不起，您要的那款手机已经停产了，我们这里没有货。"小李表示抱歉地说，"不过我可以帮您推荐另一款更好的型号，moto E6，这款手机卖得非常火。"

"什么？停产了？你不知道，我看到我的一个同事正在用这款手机，感觉相当不错，是周杰伦代言的音乐手机。你知道吗？我的同事非常喜欢他的手机，你知道都到了什么地步了吗？我给你讲一下，都笑死我了……"这个中年人滔滔不绝，但是离买手机的话题越来越远。

小李对中年人说的东西没有任何兴趣，他只想赶快卖出自己的第一部手机。很快，小李就对这个客户的话表现出不耐烦的样子。中年人看此情景，就知趣地走开，来到小王的柜台前。

中年人故伎重施，但这次，小王一直微笑地听着，没有任何不愉快的表情。中年人很高兴。

中年人对小王说："小伙子，恭喜你，你被录取了。欢迎你加入我们的团队。"说完，中年人又走到正感到吃惊的小李面前说："不是你不够优秀，而是作为一名销售人员，你缺乏足够的耐性。"

这时，韩经理走出来对中年人说："聂总，姜还是老的辣。"小李没有输在自己的先天素质上，而是输在了自己的后天修养上。

一位营销人员，如果没有足够的耐心，就不能用心听完客户的倾诉；没有足够的包容心，就不能达到与客户的心灵沟通。每个人都希望自己的倾诉得到别人的肯定，尤其当一些客户在和你沟通时，往往因为他的目标不够明确，不知不觉中就使交谈的主题偏离了你销售的目的，这个时候一定要不急不躁，耐心地倾听客户的谈话。要记住：你对客户耐心的倾听，不仅是对客户的尊重，更是自己素质和修养的体现。

即使客户说的是你不感兴趣的话，甚至是一些批评、指责你的话语，都要让自己静下心来，耐心地倾听。你只有让客户对你的服务满意，让客户感觉你在乎他说的每一句话，他才会满足你的口袋，心甘情愿地购买你的产品！你一定要明白，对客户耐心，最终受益的不只是客户，更是你自己！

专家指点

1. 在和客户沟通的时候，即使你对客户的话不感兴趣，甚至客户说的是一些批评、指责你的话语，你都要让自己静下心来，耐心地倾听，让自己做到耐心、专心、虚心！

2. 如果你总是对客户的话"充耳不闻"或者"答非所问"，就会让客户感觉你不够尊重他，从而使原本很可能成交的一单生意泡汤。

做到听批评意见时不激动，
冷静地吸取教训

"你的良心让狗吃了？这么劣质的东西还卖给我。你想害死我啊？"一名妇女拿着一台电扇对着商场的销售员小亮破口大骂，"我要去工商局投诉，让你这个打工仔滚蛋回家。"

妇女的破口大骂立即吸引了很多人的目光。令人奇怪的是，无论这位妇女怎么骂，小亮都没有半句反驳，自始至终都是面带笑意地听着。那位妇女骂了一会儿之后，觉得没意思，也就慢慢地冷静下来。

小亮看这位妇女的情绪有所缓和，就面带歉意地说："女士，你买的电扇出现了什么问题吗？"妇女拿着电扇的插头给他看，插头的一根线断了，搭在了另一条线上。这很容易造成短路。小亮一看就想起来了，是自己在匆忙之中误拿了一位客户返修的电扇给了这位女士。小亮对自己的疏忽表示歉意，向妇女深深地鞠了一躬，并连道对不起。围观的群众听到小亮的道歉声，都被这个小伙子的行为感动，情不自禁地给他鼓掌。

公司得知这件事后，认为小亮虽然因为一时的疏忽为公司造成了一定的麻烦，但是因为他处理问题的方法得当，不仅没有损失公司的声誉，反而让更多的客户对公司产生了良好的印象。小亮因祸得福，很快就被提升为售后服务部的主任，并让他给员工们做一些辅导。小亮用自己的经验告诉其他员工，在面对客户的批评时，一定要让自己做到以下几点。

1. 要认真、虚心地听取客户的意见。

2. 保持冷静。在投诉时，客户往往理直气壮，我们不要急于反驳，不要与客户争辩，弄清情况后再做决定。

3. 表示理解。对客户的遭遇或者请求表示理解和同情，并礼貌待人。

4. 不敷衍塞责。要冷静认真对待客户的批评，不要怕麻烦，不要抱着"大事化小、小事化了"的态度来解决客户的问题。

5. 记录重点。记住客户批评的重点，及时总结，以免重复犯错。

6. 及时行动。对客户的批评要及时解决，做到让客户满意。

俗话说："没有批评，就没有进步。"客户的批评是一面镜子，让你在这面镜子里看到自己的缺点，在以后的工作中认真改正。日积月累，你的缺点就会越来越少，业务水平会越来越高。总之，接受客户批评的过程，就是完善自我的捷径。当有一天，你发现没有客户再去给予你批评，那么你已经走向成功。彼时回首，你也许真的明白：对他人批评的冷静倾听，不仅是一种文明的表现，更是一种完善自我之必需。

俄国文学家托尔斯泰说过："只有什么事也不干的人，才不至于犯错误。"所以，我们每个人都会犯错误。错误就好像是我们身上的疾病，客户对我们的批评好比医生在给我们看病，是对我们思、言、行上存在的"病灶"进行纠正，目的就是要把我们的病治好。我想，没有一个病人会在给你治病的医生面前大发雷霆。

几乎没有谁愿意听别人批评的话，但是，对于一名营销人员而言，客户的批评是你最珍贵的一笔财富。如果你根本不知道自己错在哪里，你就永远也不会进步。我们每一个营销人员都应该感谢那些批评过你的客户，正是因为他们的批评，才让我们在工作中不断地进步，从一个一无所知的年轻人成长为优秀的销售人员。

谁能逃脱错误之肆虐呢？谁又能持有批评豁免权呢？"人非圣贤，孰能无过。"作为一名销售人员，你不可能做到尽善尽美，让每一个客户都对自己满意。客户的批评对于销售人员来说，如同家常便饭。在面对批评的时候，你可以"自卫还击"，但是不要对别人的批评"反唇相讥"，更不要"拒之门外"，"敬而远之"。无论客户对你的批评有多么尖锐，多么不中

听，你都要做到冷静地对待它们。你一定要明曰，善待别人的批评，就是
善待自己的人性！

专家指点

1. 没有批评，就没有进步。客户的批评是一面镜子，
   让你在这面镜子里看到自己的缺点和不足，使你在
   以后的工作中改正并提升自己。如果你根本不知道
   自己错在哪里，你就永远也不会进步。

2. 无论客户对你的批评有多么尖锐，多么不中听，你
   都要做到冷静地对待它们。

即使你非常害怕即将要听到的事情，

也要用心聆听

你害怕听到自己不想听到的事情吗？比如，你刚刚费了九牛二虎之力，终于售出了一件东西，没过几分钟，客户却吵着要求退货，不但没有提成，还白白浪费了自己的精力。比如，客户故意刁难你，说一些伤你自尊和人格的话语，让你无法忍受。再比如说，因为你的一次小小的失误，客户非要投诉你，让你在公司里脸面丢尽。你该怎么办？反驳？逃避？充耳不闻？还是听之任之？

朋友是一家培训机构的培训师，一天他邀我去喝茶。

我们来到了市中心的"一茗茶屋"。这个茶屋装修考究，不但在装饰上是仿古风格，连服务员穿的衣服都是中式旗袍。来这里喝茶十分惬意。

我们选了靠在街边的一张桌子坐了下来。服务员的服务态度很好。

我们边喝茶边聊营销方面的知识。这时我突然看到写在茶盘上的一句话："永远别怕客户的抱怨。"我会心一笑。这句话说得对，但是少了半句。我建议朋友和我合演一场戏来验证一下。朋友也举双手赞成。

"服务员，您来一下。"我忽然面露怒色地说。

"先生，有什么能为您服务的吗？"一名长得非常漂亮的女服务员赶紧走了过来。

"我们要的是龙井，你们怎么给我上的是铁观音？"我说道，朋友也在一边帮腔。

"先生，您等一下，我去看一下。"服务员迅速去前台察看我们的单子。

过了一会儿，女服务员回来了，笑着说："对不起，先生，我刚看了你们的单子，你们确实点的是铁观音。"

"不可能，这肯定不是真的铁观音，味道根本不对。"我话锋一转，"你们肯定是用伪劣的茶叶来代替好茶叶，我们要投诉你。"我和朋友的"情绪"越来越大。

女服务员显然受过很好的培训，遇到这种情况，她不说一句话，站在那里，仍然笑着听我们的抱怨。

"你这服务员认不认识茶啊，这叫茶吗？你自己看。"我把茶放在她的面前。

"先生，您一定弄错了，这确实是上等的铁观音。"

"你眼瞎了，再仔细看看，就你这样的，一看就没长脑子，连茶都不认识，还来当什么服务员？"我加重了语气。

显然我的话激怒了这位服务员。"变态，无耻。"这位女服务员再也忍不住了，骂了我们一句后转身去找他们的经理了。我和朋友却相互笑了一下。

很快，经理来到我们的面前。朋友从包里拿出纸和笔，写了一句话："永远别怕客户的抱怨，即使是你最不想听到的。"经理看了这句话，立即明白了，说了声："谢谢二位的指教。这杯茶我请了。"我们一起哈哈大笑起来……

每一位营销人员都会遇到类似的事情发生。但是，不管客户将要告诉你什么事情，你都要用心去聆听。这样做并不是为了证明你的胆子有多大，而是为了证明你是一个敢于面对和承担责任的人。其实人生不如意的事太多，如果我们都采取逃避的态度，那么我们就无法去了解问题，更何谈去解决问题呢？每个人的一生都要经历一个从害怕到承受，到毫无畏惧的阶段。当你在面对客户的投诉或者你不愿意听到的事情的时候，唯一能做的就是用心聆听，这不但能让你找到问题的根源，也是你能够听到真话的唯一办法。

在和客户相处的过程中，难免会碰到故意找碴儿，或是心情不好，要找别人发泄怒气的客户。他们常常会说出一些"蛮不讲理"、带有"人身攻击"的话语，这就需要你做好充分的心理准备。无论你是多么害怕听到这些话，无论这些话有多么难以入耳，你都要有足够的耐心和包容心去倾听。一定要明白，客户的怨气发泄完的时候，也就是问题解决的最佳时刻。

如果你不敢去面对客户的愤怒和坏情绪的发泄，你就永远找不到解决问题的办法。一定要记住，即使你非常害怕客户即将说出的话，也要让自己学会勇敢地面对，用心地聆听！

专家指点

1. 一定要记住，即使你非常害怕客户即将说出的话，也要让自己学会勇敢地面对，用心地聆听！这样做并不是为了证明你的胆量有多大，而是为了证明你是一个敢于面对和承担责任的人。

2. 如果你不敢去面对客户的愤怒和坏情绪的发泄，你就永远找不到解决问题的办法。

第十二章

锣鼓听音——
读懂客户话语背后的潜台词

☆

　　俗话说"嫌货才是买货人"。从事销售工作的人一定要学会识别客户挑剔、拒绝背后的真正意图。无论面对什么样的客户，我们一定要开动脑筋，发挥思辨精神，锣鼓听音——读懂客户话语背后的潜台词。

"我考虑考虑"
是什么意思

"我考虑考虑"这是营销人员再熟悉不过的一句话了。但是又有多少人能够明白这句话背后真正的意思？这不像一对男女之间，男孩子追一个女孩子说："我爱你，做我女朋友吧！"女孩子出于矜持，不好意思直接回答，而是含蓄地说："我考虑考虑。"男孩子一听就知道有戏了。但是，当一名客户告诉你"我考虑考虑"时，我们是不是也真的就认为他一定是在考虑呢？

其实不然，客户口中的"我考虑考虑"，蕴涵了太多的意思。可能是在敷衍你；可能是在拒绝你；也有可能是真的对你销售的商品感兴趣，但一时又拿不定主意，需要考虑考虑。作为一名聪明的销售人员，你一定要懂得察言观色，从客户的面部表情和眼神中听出所谓的"考虑考虑"的真实意思。要知道，倾听的最根本要义就是要认真倾听，走进客户的内心，了解客户的每一句话的含义，抓住有效信息，惜时如金。

客户需要考虑，但是他究竟在考虑什么？拒绝？犹豫？接受？还是有其他的含义？这些都是需要我们营销人员去考虑的。考虑清楚了，我们就不会在销售的时候陷入被动。下面我们细细剖析一下，"我考虑考虑"的背后到底蕴涵什么意思。

1．确实很感兴趣，但没钱

一个小伙子来到一家电玩店，一眼就看到了自己梦寐以求的PS2游戏机，他的目光一直停留在摆放在柜台上的游戏机上。店员一看就知道来了一个"猎物"，就向这位小伙子热情地介绍PS2的各种优势，最后说我们现在正在做活动，买一部PS2，可以送三盘正版游戏碟，并加一年无条件保养服务。这无疑是一个不小的诱惑，小伙子一听两眼放光，但他马上想到自己囊中羞涩，只好硬着头皮说："我考虑考虑。"店员看出了小伙子的窘态，不再强求。这是一句迫不得已的大实话，却不会伤害任何人。

对自己确实感兴趣的东西，说"我考虑考虑"，说明另有隐情，就不必强求了。

2．很感兴趣，但犹豫不决

一客户想买一台空调，先后看了长虹和科龙，觉得都有自己中意的。他没有立即做决定，而是又来到了美的专柜。营业员听了他的要求后，给他推荐了一款十分漂亮的壁挂式的，价位处于中等。这下这位客户真的为难了，三个品牌的空调都有自己喜欢的，一时无法做出决定。当营业员再次问他感不感兴趣时，他还没有拿定主意，只好说了句："我考虑考虑。"这时只需要给他一些考虑的时间就行。这个时候，我们也可以抓住机会，用本产品的魅力打动客户的心，让客户最终选择自己的产品。

对无法决定的东西，每个人都需要慎重考虑，更何况是客户要掏钱买东西呢，更需要考虑了。

3．根本不感兴趣，委婉拒绝

有位先生在下班回家的街上被一名房地产业务员拦住了，非要向他销售一下自己的楼盘。这位先生急着回家吃饭，但是他很有涵养，不会直接拒绝别人。没办法，只能站在那里听业务员一大通对楼盘的介绍。这位先生才刚刚买了新房不到半年，对楼盘根本不感兴趣，为了摆脱业务员的纠缠，他只好拿了一张宣传册，说："我考虑考虑。"一句话，既给了对方面子，又解脱了自己，两全其美。

对自己根本不感兴趣的东西，一句"我考虑考虑"，既不伤人，也解脱了自己。

"我考虑考虑"这句话背后的含义远不只这些。营销人员要用心去揣摩客户的心，让自己做到，不管客户的"考虑考虑"背后的意思隐藏得有多深，都要一一把它们挖掘出来，做到知己知彼，百战百胜。

客户的话语里有时候含有很多"潜台词"，有些是委婉的拒绝，有些是善意的谎言，有些是我们无法猜测的隐私。当我们听到"我考虑考虑"的时候，要让自己冷静下来，分析这句话里究竟包含了多少东西，理解背后的含义，并找到相应的对策。要懂得，人是一种含蓄的动物，你不可能一眼看穿人心，而需要慢慢地揣摩其中的奥妙！

专家指点

1. 客户的话语里有时候含有很多"潜台词"，有些是委婉的拒绝，有些是善意的谎言，有些是我们无法猜测的隐私。作为一个聪明的销售人员，你一定要懂得察言观色，从客户的面部表情和眼神中听出所谓的"我考虑考虑"的真实意思。

2. 人是一种含蓄的动物，你不可能一眼看穿人心，而需要慢慢地揣摩其中的奥妙！不管客户的话语里有多少"潜台词"，都要刨出它的"根"。

"我和××商量一下"
其实是在拒绝你

在西方流传着这样一个故事：有一天，一只猴子犯了错误，上帝决定惩罚它，于是让它从山下往山顶上搬一块巨石。什么时候将巨石搬到山顶，什么时候结束惩罚。可是石头太大了，猴子根本搬不动，只好沿着山路将它滚上去。上帝觉得这样的惩罚太轻了，就决定戏弄一下猴子，让一只狐狸在半山腰等着猴子，每当猴子将巨石搬到狐狸所处的地方时，狐狸就想各种方法来调戏猴子。猴子每次都被激怒，稍不留神，石头就滚下了山，于是猴子不得不再次开始它艰苦的滚石上山的历程。

在猴子看来，捉弄它的是一只狐狸，但是它并不知道，狐狸只是一个执行者，它只是按照上帝的意愿办事，自己并没有最终的决定权。

在销售中，也可能会遇到相似的事情。当一个客户用"我和××商量一下"来回答你时，可以断定，这个发出拒绝信号的人并不是你要找的关键人物，他有可能是具有决策权的人特意安排来阻断你销售行为的"狐狸"，这只"狐狸"的工作是拒绝你的销售达到"山顶"。这时，你一定要知道，如果不成功绕过这只"狐狸"，你恐怕永远都无法把"石头滚上山顶"，无法见到决策人，并将产品销售给他。

营销人员一定要做一只聪明的"猴子"，绝不能让"狐狸"的诡计得逞，而是让自己在销售的过程中，斩荆披棘，排除各种障碍，从而将"石头"顺利滚到山顶。

小王这次的任务是将自己公司的数控车床销售给一家数控厂。他来到了这家车床厂的外联部门，看到一位中年人正在看报纸。

小王："您好，我是××数控车床厂的小王，有件事情想请您帮忙！"

中年人："请讲。"

小王："前天我打电话已经预约了，贵厂负责人让我带来我公司产品的信息来当面洽谈，并给予我答复。"

中年人："你说的是什么信息啊？我怎么不记得了？"

小王："没关系，您的事情太多，忘记也很正常，就是关于贵公司要进一批数控机床的事。"

中年人："哦，这件事啊，这个我需要和××商量一下。商量完了给你答复，好吗？"

小王有些晕，这明摆着是被拒绝了，没商量好让我带着资料大老远地跑这来。但小王不甘心，决定继续努力促成销售。

小王："这事谁决定？"

中年人："当然是厂长了。"

小王："那倒是，请问厂长贵姓？"

中年人："姓赵。"

小王："请问贵厂对新数控车床的需要急不急？"

中年人："比较急。"

小王："出于礼貌，我想在合作之前，向赵厂长问声好，可以吗？"

中年人："当然可以了。"

小王："您认为我什么时候见他比较合适呢？"

中年人："你明天打电话过来吧！"

小王："那他的分机号码是多少？"

中年人："××××。"

小王："谢谢您。祝您工作顺利！再见！"

第二天，小王直接给赵厂长打电话，并约了下午三点在厂长办公室见面。最终，小王通过自己的努力，做成了这笔生意。

小王能够成功的原因如下：

1．当客户让他带着资料来面谈时，他能够准时赴约，给客户留下了守时的好印象。

2．当客户用"我和××商量一下"作为借口时，小王用"这事谁决定"来套出真正的幕后负责人，看是否找对了人。这样不但避免了自己的被动，也增大了成功的概率。

3．当客户说"我和××商量一下"，小王意识到了这笔生意还要找直接负责人，只有直接负责人拍板了，这笔生意才能做成。所以，小王提出直接去见赵厂长。和一个不能做决定的人谈，无异于对牛弹琴。别把自己宝贵的时间浪费在这些无谓的事上。

4．当客户用"我和××商量一下"来拒绝小王时，小王没有放弃，而是立即理清头绪，找到问题的根源。我们每天都会遇到拒绝，拒绝并不可怕，可怕的是自己还没有努力就被拒绝打败。

5．小王能够及时要到主要负责人的电话号码，并预约，没有让自己的付出白费。

专家指点

1．当客户用"我和××商量一下"来回答你时，可以断定，这个发出拒绝信号的人不是你要找的关键人物，他很有可能是具有决策权的人特意安排来阻断你销售行为的"狐狸"。

2．营销人员遇到的"狐狸"很多，并不是每一次我们都能做一只聪明的"猴子"，找到"狐狸"背后的幕后主使者。但是，如果我们不去努力，就永远绕不开"狐狸"。

"寄一份资料给我吧"，
说明他在应付你

当有客户对你说："寄一份资料给我吧。"你一定要明白，这是一位安于现状、不喜欢改变的人，他给出这样的答案，只不过是一个美丽的谎言。但大多数的销售人员似乎对这种善意的谎言情有独钟。他们一听到客户这样的要求，就乖乖地寄去了一份资料，等待客户的佳音，但结果可想而知，往往从此失去了客户的音信。

当你在销售中遇到这样的情况时，一定不要让自己像一个被冷落的怨妇似的，无奈地"独守空房"。你要运用自己的销售策略和技巧，让他们对你的产品产生购买的兴趣和欲望。

下面我们来看一个成功的典型案例：

小孟是洛阳的一家化妆品市场的电话销售人员，她的主要任务是请客户来现场参加化妆品的展销会，下面是她与客户的一段对话。

小孟："您好，请问是吴总吗？"

客户："是的，我就是，你有什么事吗？"

小孟："吴总是这样的，我是小孟，前几天跟您联系过，上一次我们谈得很开心。"

客户："哦，想起来了，你就是那个化妆品展销会的小孟吧？"

小孟："吴总，我真是太高兴了，您还能想起我。我今天特地打电话来告诉您一个好消息。"

客户："什么好消息？"

小孟："不过在说这个消息之前，我想先请教您一个问题。"

客户："好的。"

小孟："公司的销售业绩怎么样？"

客户："还行，说得过去。"

小孟："公司的市场占有率有多少？"

客户："大概是5%吧。"

小孟："那您公司的产品在洛阳的占有率怎么样？"

客户："不足2%。"

小孟："吴总，您也一定很想打开洛阳的市场，增加您产品的知名度，让公司的业务越做越大，成为化妆品行业的鳌头吧？"

客户："那是当然了。"

小孟："您的困惑我大致了解了，我今天告诉您的好消息就是，我们的化妆品市场这个月末将举行一场有关化妆品的专长展销会。跟您沟通了之后，我知道，您现在急需打开洛阳市场。所以，我们请吴总认真考虑一下，来洛阳参展，无论如何我们都愿意为您解忧。"

客户："这样吧，你寄份资料给我吧，我看看再说，好吗？"

小孟："当然可以了，但我想请问一下，吴总，您是真的需要考虑还是在委婉地拒绝我，因为我是一个爽快的人，我希望您告诉我真实的答案。"

客户："我会和市场开拓部门沟通一下，如果需要的话，我一定会给你打电话的。"

小孟："我们一定不会让您失望。我现在马上给您发传真，请您把您的传真号给我吧！"

客户："××××××"

小孟："谢谢您的选择，吴总！我会在今天下午两点左右跟您联系，确认一下，好吗？"

客户："好的，谢谢！"

小孟的成功在于，她先运用足够的技巧，首先抓住客户的市场开拓的要求，并打动客户的心，最后，没有给客户留下敷衍自己的余地。这是每一个营销人员都应该做到的，否则我们所有的付出都是白费。

销售人员在从事电话销售工作时，遇到的最大障碍是什么呢？有的人认为是商品的价格太贵，客户难以接受；有的人认为，大部分产品的市场差不多都处于饱和状态，客户已经选择了固定的品牌或者合作对象，很难开拓新的客户。其实，销售中最大的障碍就是"客户很满意自己现在的状况"，不想接受新的事物，不想自己被改变。

正是客户的"满足"让他们下意识地去拒绝来自外界的任何有可能打破这种和谐的因素。作为销售人员，如果你每天只是坐在办公室里，等着那些对现状不满意的客户自己主动打来电话，然后再将你的产品或服务推荐给他。我认为这比天上掉馅饼的概率还要小，甚至黄花菜都凉了，你还没有做成一单生意！

当客户对你说"给我寄份资料来吧"，你一定要明白，也许这正是客户拒绝你纠缠的委婉理由，他根本就没有这方面的需求；也许他只是想从你这里了解一些有关的信息，并没有决定自己是不是购买；也或者他早就有购买这种产品的打算了，现在正在几种产品的选择中左右徘徊、犹豫不决。现在的市场竞争相当激烈，客户每天可能会接到几个甚至十几个向他销售产品的电话，就算他真的需要，他会选中你吗？我看概率非常小。

另外，对于那些只是对你说"给我寄份资料来吧"的客户，你一定要弄明白客户心中真正的意思，这样也就不会在没希望的客户身上浪费过多的精力。

我们常说"会哭的孩子有奶吃"，其实销售也是一样，要想让客户选择你的产品，就需要你更全面地向客户展现你，展现你公司和产品的优点，当你的产品在客户的心中留下深刻而良好的印象时，他自然就会选择你的产品。

专家指点

1. 当客户对你说"给我寄份资料来吧",你一定要弄明白客户真正的意思,对于那些有希望成交的客户,运用一些销售策略和技巧,让他对你的产品产生购买的兴趣和欲望。

2. 作为销售人员,如果你每天只是坐在屋里,等着客户主动买你的东西,你卖出去东西的可能比天上掉馅饼的概率还要小。只有向客户充分地展现自己的产品,让客户认为你的产品不可替代,这样客户自然就会选择你的产品。

"我没时间"，也许是他真的很忙，更可能

他认为和你谈话没有意义

有位乞丐，每天都能乞讨到300多元。很多人都感到奇怪："为什么一个乞丐有这个本事，每天'挣'的比普通工人都多呢？"

一位记者采访了这位牛人乞丐。记者说："你有什么乞讨的秘籍吗？"

乞丐说："是的。我的乞讨方法确实和别人不一样。"

"我很好奇，你能给我具体介绍一下吗？"记者的兴趣显然被调动了起来。

"不用介绍，你只要细细观察我行乞的行为就行了。"乞丐说着就开始"工作"起来。

乞丐静静地站在路边，等待着"猎物"的到来。

十分钟过去了，先后从对面走来三个人。一位男士夹着公文包，走得很快，乞丐站在那里没有动，另一位中年女士拎着从超市买的两大袋东西走过来，乞丐还是没有动。最后一位妙龄少女用手拎着从同一个超市买的一袋东西走了过来。乞丐看到后，立即向妙龄少女走去。让人意想不到的是，没怎么费力气，少女就给了乞丐5毛钱。乞丐笑着朝记者走来。

记者一脸的疑惑和不解："据我了解，别人行乞都不会找妙龄少女，更不会像你那样轻松就达到目的。你是怎么做到的？"

乞丐笑着说："没有别的方法，我只是不给我的'客户'说'我没时间'的机会。"

记者更加迷惑了。

"对啊，我能在第一时间判断出我的'客户'有没有时间给我，让我来'工作'。"

"你怎么判断？"记者的兴趣被他调动得更高，"就拿刚才那三个人来说，你怎么判断的？"

"第一个男士，夹着公文包，走得很快，肯定是在赶时间；第二位女士拎着两大袋东西，两手都被占着，肯定'没时间'给我钱；第三位妙龄少女，她刚从超市出来，买了一点东西，手里肯定有零钱，而且，她走得很慢，肯定不是急着赶时间，所以她一定有很多的时间让我达到目的。"

"你是说，要第一时间看出客户是否真的有时间，对吗？"

"对啊，当我在寻找'客户'的时候，我会第一时间判断他有没有时间。这样不会浪费他的时间，也不会浪费我的时间……"

这是一个快节奏的时代，每个人都来也匆匆，去也匆匆。"忙""我没时间"成了我们每个人的口头禅。当然，更成了一种最为高雅的拒绝理由。"没有时间"这句话，不但理所当然地拒绝了他人，更证明了自己在这个社会有着重要的地位和身份。

其实，"我没时间"是一个很模糊的回答。一旦有客户对你说"我没时间"，你就要迅速准确地做出判断，他是真的忙，还是认为和你谈话毫无意义，纯粹是浪费时间。

举个例子来说，当某个小伙正在热恋中，他会把所有的心思都放在爱情上。这时，爱情对他来说是一件非常重要的事。其他的事情，比如应酬、娱乐等对他来说就是浪费时间，自然也就懒得应付。但是很不幸的事情发生了，他的母亲突然病了，在住院，那么，对他来说谈恋爱就没有了时间，因为他认为照顾母亲是最重要的事情。他不可能说"母亲，对不起，我很忙，正在忙着谈恋爱，等我把恋爱谈成了，再来照顾你"。此时，在他心中，照顾母亲比任何事情都重要。

这就是问题的根源所在。当一个人面对自己认为重要的事情时，他总会有时间；而当一个人面对自己毫无兴趣或者不重要的事情时，"没时间"

就是最好的借口。对于一名销售人员而言，我们的时间也同样宝贵。当客户对你说"没时间"时，你在第一时间就要做出判断，究竟是客户真的没有时间，还是客户有的是时间，只是对于你的谈话不感兴趣。后者，需要你改变策略，多增加一些吸引客户的因素在里面；而前者，则需要你及时刹车。这样，我们不但珍惜了自己的时间，也将时间利益放到了最大。

时间就是金钱，时间就是生命。我们不但要珍惜自己的时间，也要珍惜别人的生命，把有限的时间用在最有用的地方，这是我们活在这个世界的最基本出发点，毕竟我们每个人活在这个世界上的时间都是那么的有限。

专家指点

1. 当客户对你说"没时间"时，你一定要在第一时间判断出客户是不是真的没有时间。对于真的没有时间的人，你一定要懂得让自己急刹车，这样既不浪费客户的时间，也不浪费自己的时间。

2. 当有的客户明明闲着却对你说"我很忙，没有时间"时，这说明客户对你的话不感兴趣，这就需要你改变一下自己谈话的策略，用一些客户感兴趣的话题吸引他，并最终达到成交的目的。

"太贵了"可能意味着价格超出了他的消费水平，
也可能是他感觉根本不值这么多钱

　　"太贵了""这有点贵""这价格太离谱了"，你是否经常听到客户给你这样的回答？

　　有很多销售人员以为，一旦听到客户这样的回答就意味着自己被拒绝了。其实对于客户提出的"太贵了"这样的问题，严格来说，还算不上是一种拒绝。这其实是一种积极的信号。

　　就好比中国传统男女之间谈恋爱，经过红娘搭桥牵线之后，问女方感觉怎么样。女方说："这个男的穿的衣服有点脏。"聪明一点的男人都知道这就是"有戏"。"衣服有点脏"否定的只是一部分，而不是完全否定。言外之意，除了"衣服脏"之外，其他方面还是很满意的。

　　相同的道理，当客户告诉你"太贵了"时，营销人员应该看到的是有可能成功的"积极信号"。因为在他的眼里，"太贵了"是唯一不能让他满意的地方，有可能是价格超出了他的消费水平，也可能他感觉根本不值这么多钱，但实际上他已经接受了除这个因素之外的其他各个方面。这个时候，你应该趁热打铁，更进一步，积极地去打消客户的这种念头，促成这笔交易。

　　下面我们先来看一个失败的案例：

　　（一个服装店）

　　营销员："您好先生，欢迎光临。这是今天刚到的新款，请随便看看，看中了可以试穿。"

　　客户转了一会儿，挑中了一件红色的T恤，对营销员说："把这件拿给我看一下。"客户试了一下，感觉很满意。"这件多少钱？"

"打完折后，180。"营销员说。

客户："你们的价格太贵了。"

营销员："不会啊，先生，这个价格可是全市最低的哦。"

客户："可是我还是觉得高了些。"

营销人员："那没办法了，这是最低价了。"（营销员觉得客户拒绝了自己）

客户扭头就走了。

这位营销人员没有成功的最根本的原因在于，没有听出"太贵了"的弦外之音，忽略了"价格太高"的真正原因。

我们再看一下改变策略而成功的案例。

客户："这件T恤多少钱？"

"打完折后，180。"营销员说。

客户："你们的价格太贵了。"

营销员："不会啊，先生，这个价格可是全市最低的哦。"

客户："可是我还是觉得高。"

营销员："要不然这样吧，我向我们店长汇报一下，看还能不能再给您一些优惠？"（听出了客户的言外之意，仅仅是觉得这件商品不值那么多钱。）

客户："好的。"

（过了几分钟）

营销员："先生，我刚同我们店长商量了一下，考虑到我们是第一次合作，打算再给您优惠20元。160，您看行吗？"

客户："还是有点儿贵。"

营销员："我很想交您这个朋友，我再跟我们店长说一下。"

（过了一会儿）

营销员："先生，最低150。不能再低了。"

客户："好的，能不能刷卡？"

俗话说"变通生财"。这个营销人员很聪明，能从客户的一句"太贵了"捕捉到有用信息，让自己变被动为主动：只要打消客户对价格的顾虑，其他也就不成问题了。有问题就有解决问题的方法，只要我们抓住问题的关键，再接再厉，就会不费吹灰之力将一切问题解决。

每个人在购物时，都想用最少的钱，买最好的东西，解决这种心理的最好办法就是，让客户明白他买的东西是同类产品中最好、最上档次的，让他感觉自己花的钱是物有所值，这样客户自然也就乖乖地掏钱了。

积极的人抬头望天，看到的是皓月朗朗，消极的人抬头望星空，看到是乌云连连。当营销人员碰到客户的一句"太贵了"的消极回答的时候，我们要变得更加积极，我们要坚信，成功就在眼前。优秀的销售人员，一定要让自己成为那个聪明的"男人"，当有女人说你的"衣服有点脏"时，那证明你们真的"有戏"了！

专家指点

每个人在购物时，都想用最少的钱，买最好的东西。当客户对你的产品说"太贵了"时，最好的办法就是说服客户，让他认识到你的产品是同类产品中最好、最上档次的。虽然价格上是高了一点，但是物有所值，当客户意识到这一点的时候，自然就会乖乖地掏钱。

客户如果说"没钱"
怎么办

　　说实话，"钱"这个东西可是每一名销售人员最想从客户身上得到的东西，但是，又是最难得到的。一旦客户有不想掏钱买你的东西的想法，就会用"没钱"这两个字来打发你。这种借口是客户屡试不爽的借口，而且客户说这句话的时候，总是幸灾乐祸地在想："是呀，我没钱，你拿我怎么着？难不成让我免费用你的产品，如果你愿意，你就来对我销售你的产品吧！反正甭想从我手中拿走一分钱！"

　　很多营销人员都有这样的经历，客户一本正经地对你说："不怕你笑话，我这一段时间手头确实有些紧。你的产品真的不错，我也很想买一件，可是我没钱，等我有了钱一定会买，你看怎么样？"很多销售人员一听这种"借口"，便觉得根本不可能成交了，你买东西，没有钱难道要我白送不成？

　　每当听到客户说自己"没钱"，很多销售人员都会知趣地走开，开始用心地寻找下一个目标。难道客户真的没钱吗？非也！此时你真的上当受骗了，这只是客户拒绝你的借口罢了！

　　有这种想法的营销人员其实白白错过了一个好的成交机会。其实，客户嘴上的"没钱"是极富弹性的，更有可能是一颗迷惑你的烟幕弹。如果我们轻易地就被这种借口所迷惑，就很难创造出好的业绩来。

　　对付"没钱"，唯一的办法就是不要让客户有说"没钱"的机会，在他还没有说出"没钱"的时候，就预先封住他的嘴，让他自己不好意思说出"没钱"两个字。

有一次，我们单位一位精英业务员小李去深圳出差，回来时买了一件很漂亮的衣服。大家直夸他有眼光。他却说："唉，这件衣服，看着是挺漂亮的，不过价钱也相当的漂亮，两千多块，让我很是心疼了一把。"

我们都很好奇，小李平时"铁公鸡"一个，什么事都是一毛不拔，这次竟然花两千多元买一件衣服，确实让他大出血了。不过我们更好奇的是，那位卖衣服的销售员到底用了什么方法，让我们的"铁公鸡"拔了那么多"毛"。

小李说："我刚进店的时候，转了一会儿，最后把目光停在了这件衣服上。一位长得很漂亮的服务员向我走过来。她把衣服取了下来，我试了一下，不但非常合身，而且穿在身上显得人特别精神。我立刻就想把这件衣服买下来。但一看价钱，两千多，对我来说，这简直是天价，当时就退却了。这等于我白来深圳一趟了。可是那位女服务员非常热情，一直给我介绍这款衣服的特点，搞得我非常不好意思。当时真不知道怎么办，拒绝吧，不好意思，不拒绝吧，又舍不得买那么贵的衣服。"

我们都明白这种进退两难的尴尬。"说你没钱不就行了嘛！"一位同事大声地说。

小李说："是啊，当时，我就想说我没带那么多钱，给自己一个台阶下，然后一走了之。但是这位女服务员还没等我开口，就一个劲地夸我的笔记本，说什么这么好的笔记本可不是一般人能买得起、用得起的，能用得起这么好的笔记本的人一定都是高收入者呀！我一听，对呀，我这么贵的笔记本都买得起，没理由连两千多块钱的衣服都买不起呀，在别人眼中，我可是高收入者啊。于是，就只好打肿脸充胖子，让自己潇洒了一回。就这样，深圳这一趟就只当白跑了，换了一身衣服，也算花钱买了一个美丽的虚荣心。"

听小李把话讲完，我们齐声称赞卖衣服的销售人员很有一套，能够把我们公司的销售精英的嘴给封上，让他根本没有找"借口"的机会，的确不简单。这位销售员就是利用了小李的些许虚荣心，让小李不买这件衣服的借口根本没有机会出口。

　　每个人都有虚荣心，千万别小看这些许虚荣心在销售中的作用，如果你能发现客户虚荣的弱点，并好好利用，就能变被动为主动，让客户根本没有机会说自己"没钱"，而是乖乖地给你掏钱！

专家指点

1. 客户所谓的"没钱"是极富弹性的，有可能是用来迷惑你的一颗烟幕弹。如果仅仅因为客户的一句"没钱"，你就轻易地放走了他，你就白白错过了一个好的成交机会。

2. 对付"没钱"，唯一的办法就是不要让客户有说"没钱"的机会。在他还没有说出"没钱"的时候，你就用夸奖的话来满足他的虚荣心，这样就可以成功地封住他想说"没钱"的嘴巴，让他没有机会说出"没钱"二字，自然就会买你的东西。

当客户告诉你"我不需要该产品"，
表明他最近没有这方面的需求

去过武汉的朋友，只要留心就会发现，武汉满大街都在流行一句话"格老子的"。有时候甚至是儿子对老子说。第一次听说，你也许不知道是什么意思，一旦你知道这只不过是一句口头禅的时候，也就不再大惊小怪了。

同样，"我不需要该产品""不感兴趣"几乎也是客户口中的一句口头禅，这句话表明他的真实心迹，说明他真的没有这方面的要求，这时就需要你立即终止自己向客户销售的行动，否则，就是白白浪费时间和精力。

大部分的营销人员一见到客户，就像见到了财神爷，从来不询问客户的真正需求，也不会考虑客户究竟需不需要自己的产品，就开始滔滔不绝地向客户销售起来，希望每一个客户都会买自己的东西，而且越多越好。

试想一下，如果一天你想买一台空调，于是就到商场逛逛，刚进门，就被商场中卖电视机的销售人员拦住了，非要让你买一台电视机，说自己卖的电视机如何如何好，使用寿命多长。可是，你家里已经有超过三台的电视机，你实在没有这方面的需求，而且又急着赶路，面对销售员的死缠烂打，你肯定会很生气地甩上一句："你这人有毛病呀，我告诉你不需要，你还是缠着我不放！"然后甩头就走，再也不愿意理会销售人员半点。

既然你自己也明白，"我不需要"是最没有希望的拒绝方式，那么，一旦客户告诉你这句话，就表明你们的沟通已经到了彻底结束的地步。

王宁是一家网络公司的电话营销人员，公司是专门做网站建设方面业务的。一天，她接通了一位客户的电话。

王宁："您好，请问是××公司吗？"

客户："是的，有什么事情吗？"

王宁："请问您贵姓？"

客户："免贵姓吕。"

王宁："哦，吕经理，可以这么称呼您吗？"

客户："随便，只要你愿意。"

王宁："我在网上了解了一些贵公司的资料，觉得贵公司的业务做得十分好。"

客户："谢谢你的夸奖。"

王宁："但是，吕经理，您觉得您的网站做得怎么样？您满意吗？"

客户："一般吧，还算过得去。"

王宁："那您还需要改进吗？"

客户："你是什么意思？直说吧，不用绕弯子了。"

王宁："是这样的，吕经理，我们公司是专门做网站业务的，有过很多的成功经验。我们觉得你们公司的网站在某些方面做得还不够尽善尽美，需要做一些改进。您认为呢？我们可以给您提供一些帮助。而且我们公司可以专门上门进行服务，做到让您满意为止。"

客户："对不起，我们暂时还不需要这方面的服务。谢谢。"

王宁："吕经理，我们的费用在全国来说都是很便宜的。您一定要考虑一下。"

客户："你烦不烦，都说了不需要了。请不要再打来了。"

王宁："吕经理，您听我说好吗？吕经理……"

"啪"，电话挂了。

王宁没有输在自己的营销技巧上，也没有输在自己的努力上，而是客户真的不需要这方面的服务。王宁没有及时发现客户语言背后的真实含义，还以为是客户在委婉拒绝自己，还想努力挽回这次交易。其实，她完全没有必要这么做，客户一旦说了"我不需要"，那可就是他真的不需要了。

俗话说"强扭的瓜不甜"。如果别人真的不需要，我们还去苦苦纠缠，不但浪费了精力，还浪费了下一次交易的时间。最好的解决办法就是，一旦听到客户给我们发出了类似于"我不需要"这样的信号，就马上清醒地意识到，这不是你想要找的目标，然后再去寻找下一个目标。将时间花在最有用的地方。

并不是每一个客户都会在此时此刻需要你的商品，所以，我们遇到拒绝的时候，不要灰心，也不要死缠烂打。与其把时间花在一个根本不可能实现的交易上，还不如早点改变方向，寻找下一个目标。变通，让你不至于总是空手而归。

专家指点

1. "我不需要"是一种最没有希望的拒绝方式，一旦客户告诉你这句话，就表明你们的沟通已经到了彻底结束的地步。

2. 并不是每一个客户都会在此时此刻需要你的商品，所以，我们遇到拒绝的时候，不要灰心，也不要死缠烂打。与其把时间花在一个根本不可能实现的交易上，还不如早点改变方向，寻找下一个目标。变通，让你不至于总是空手而归。

第十三章

丢掉倾听中的

7大恶习

☆

倾听是每一位营销人员都必须具备的一种素质。但是，很多营销人员只是做出了倾听的动作，而并没有真正地把客户的话听进心里。

比如，你在听客户说话的时候，总是表现出不耐烦的表情；比如，你总是一边听客户说话，一边考虑自己的事情；比如，在和客户沟通的时候，你只是让自己假装在听，其实想趁机打岔说出自己的意见……

不要在客户说话时假装在听，其实是
想趁机打岔说出你的意见

有这样一个故事：上帝想在人间招一名能够倾听人间冷暖的人。上帝从众多的人选中挑了一名最好的。这个人和别人不一样，他有一双很大的耳朵，而且他每次倾听的时候都很专注。上帝觉得这个人一定能胜任。可是，一年之后，这个被上帝选中的人什么都没有向上帝汇报，上帝很奇怪。最后，上帝把这个人叫到自己的身边，这时才发现，原来这个人是个聋子，他给自己装了一双"假耳朵"，这双耳朵根本就听不到人间的冷暖。

很多营销人员也都会犯这样的错误，在和客户沟通的时候，貌似在注意倾听客户说话，其实，他们的耳朵只是一双听不见别人话语的"假耳朵"，他们的目的是想趁机打岔说出自己的意见和想法。最后，客户所说的话，他一句也没有听进心里。

有一名营销人员叫王琳，做事情的态度很不踏实，喜欢在别人面前耍小聪明，而且还很自以为是。

一次，公司派王琳去一家公司洽谈业务，这家公司是个大客户，对公司的业务发展起着决定性的作用。

在去谈判之前，王琳做了充足的准备，了解了有关这家公司的所有信息，然后就信心满满地出发了。

到了这家公司后，王琳很兴奋，因为这家公司看起来相当的有实力，从装修到员工的精神面貌都十分不凡。王琳暗下决心，这次谈判，只准成功，不准失败。

但是，当王琳来到这家公司的业务部，却发现接待他的是一个女孩子。这个女孩看上去相当年轻，最多不过25岁。王琳的第一反应就是，这个女孩子不是主事人，没有发言权。刚进这家公司时那种高度紧张的心立即放松了下来。看到坐在自己面前的这个女孩如此年轻漂亮，王琳就开始想入非非："如果这个女孩子是自己的女朋友该多好啊。"

女孩很热情地接待王琳，并问他有什么需要帮忙的。王琳这才意识到自己过于失态，不应该这么对女孩，但是又觉得跟女孩子说业务上的事是在白白浪费自己的时间。于是，小王故作姿态，假装很认真地在听女孩讲话，心里却关注着办公室里的装修。

王琳有一搭没一搭地和女孩聊着，而且时不时地打断女孩子的话，一会儿对这个办公室里的红木办公桌发表一下自己的见解，一会儿谈起办公室里颜色搭配的改进，就是没有用心听女孩子讲话。

女孩子看得出，王琳只是在假装听自己说话，其实他的心思根本没有放在业务的洽谈上。女孩子笑了笑说："先生，您可以走了，我们公司从此不再和你们公司合作。"

王琳一听这话，才回过神，莫名其妙地问："为什么这么说，我要见你们刘总。"

女孩说："我是她的女儿，今天专门负责接待你的。"

王琳此时再后悔也于事无补了。

在这次洽谈中，小王耍自己的小聪明，以貌取人，给自己安了一双"假耳朵"，表面上是在听对方说话，心思早已跑到其他的地方去了！

销售并不是仅仅靠嘴巴来说服客户，而是要用心倾听客户真正的需求，如果你真想赢得客户，就需要将自己的"假耳朵"摘掉。一定要记住，没有一个客户是真正的傻子，如果你用敷衍的态度来倾听客户的话，这让客户感觉到你根本不尊重他，客户自然也就不会选择和你合作，合作失败也是天经地义的事情。

专家指点

1. 销售不仅仅是靠嘴巴来说服客户，更需要你用心倾听客户真正的需求。

2. 没有一个客户是真正的傻子，如果你用敷衍的态度来倾听客户的话，这让客户感觉到你根本不尊重他，客户自然也就不会选择和你合作，合作失败也是天经地义的事情。

不要一边听对方说话，
一边考虑自己的事

在一个古老村落里，有一位非常受人尊敬的老者。他有一种特殊的能力，用手摸着一颗水晶球，就能在一分钟内将一件还未发生的事情预测出结果，而且百策无失。他借此为村里避过了很多的灾难，渡过了很多难关，也救了无数人的性命。

上帝知道了这位老者的事迹后，决定对其进行奖励。上帝把老者叫到身边，对老者说，你有什么愿望，我可以满足你。

老者说，我在一分钟内只能预测一件事情，不能同时预测几件事，所以，我希望有一种能在一分钟内同时感知多件事的能力。

上帝一想，这是好事，于是同意了老者的请求。

老者很高兴，认为自己可以为村里的繁荣做出更大的贡献。

一天夜里，忽然一阵大风吹灭了油灯。老者有种不祥的预感，村子里要出大事。老者在黑暗中拿出了水晶球，水晶球里立即出现了村子里被龙卷风破坏的景象，紧接着是村东头的老王的屋子被风刮倒的景象，然后是洪水泛滥淹没整个村落的景象，最后是一片汪洋大海。在这短短的一分钟里，老者将每一件即将要发生的事情都预测了出来。但由于时间有限，每一个场景的时间只有短短的十多秒。接下来具体会发生什么事情却无法得知。

老者感觉到了事情的严重性，立即穿上衣服准备出去通知全村的人逃离。可是，就在老者准备出门的一瞬间，一阵大风吹过，老者的房屋瞬间塌了，老者再也没有出来。

第二天，整个村落变成了一片汪洋大海。

上帝看到这个场景，很是后悔。如果将水晶球的一分钟全部用来预测老者遇难的过程，给老者一个提示，老者就不会死去，整个村落也就不会被大水淹没。

这个故事告诉我们：人的精力是有限的，用有限的精力去完成一件事不难，困难的是用有限的精力来做多件事，结果只能是一件事也没有做好。

对于销售人员来说，"一心二用"是和客户交谈中最忌讳的事情。每个人的大脑里都装了太多和工作无关的东西，比如亲人、朋友、娱乐、休闲等，如果在和客户交谈的过程中仍然想着这些事情，这在无形中就会分散你的注意力，使你很难做到全神贯注地倾听客户的谈话。

其实我们在做任何一件事情的时候，都要让自己做到"一心一意"，而不是"三心二意"，否则，将会承担严重的后果。试想一下：一个表演杂技的演员，如果他在表演飞车的时候，不能够做到"一心一意"，而是一边飞车，一边想着自己这个月的收入是多少，再工作几年就可以拥有自己的房子！可想而知，最严重的后果是：一不小心，他就会从飞车上摔下来丧命。对这个杂技演员来说，如果不能够做到"一心一月"就等于是玩弄自己的生命。作为一名销售人员，虽然"一心多用"不至于使你丧命，但是足以让你失去赖以生存的衣食父母——客户。

和客户沟通的时候，你最应该做的事情是认真倾听客户所说的每一句话，并不时地对客户点头表示认同，千万不要一边听客户说话，一边考虑自己的事情。如果你总是一边听客户说话，一边开小差，往往会对客户的话一知半解，当客户对你提出问题的时候，你也常常是答非所问，这是每一个客户都不想受到的待遇。

不能让自己全身心地投入到和客户之间的谈话中，这是很多销售人员成交失败的最大原因。就像热恋中的一对男女，彼此都希望对方的眼里只有自己，如果你总是吃着锅里还看着碗里，和这个约会的时候，心里还想着另一个人，你这种脚踏两只船的行为很快就会被对方揭穿，自然你的结局也就是被两个人同时抛弃。

要想赢得客户，并最终让客户签单，这就需要你做到"一心一用"。在和客户沟通的时候，让自己做到心无杂念、全神贯注。只有做到全神贯注地倾听，才可以尽可能地了解并满足客户的需求，自然就能够成功地拿到客户的订单！

专家指点

要想赢得客户，并最终让客户签单，这就需要你做到"一心一用"。在和客户沟通的时候，让自己做到心无杂念，千万不要一边听客户说话，一边考虑自己的事情。

在没听完整个故事以前，

请不要太早下结论

从前，一个老翁有四个儿子，他的四个儿子有一个共同的坏习惯，在别人还没说完一件事情时，就开始下结论。为了改变四个儿子的恶习，老翁给每一个儿子出了一个问题：让他们在不同的季节去观察远方的一棵梨树，大儿子是冬天前往，二儿子是春天前往，三儿子是夏天前往，小儿子是秋天前往。

当四个儿子都从远方回来的时候，老翁把他们叫到自己的身边，让他们分别讲述一下自己看到的那棵梨树的景象。

大儿子失望地说："我从来没有见到过如此丑陋的梨树，所有的树枝都是光秃秃的，树上既没有叶子，也没有花朵。"

二儿子争论道："大哥说得不对，那棵梨树虽然没有花朵，但是整棵树都被青青的树芽覆盖，让人看到了生命的希望。"

三儿子不同意二哥的看法，开始发表自己的意见："谁说树上没有花朵，整棵树上都是梨花绽放，散发着迷人的香气，我发誓这是我看到过的最美的一棵梨树。"

小儿子不同意三个哥哥的看法，认为他们都在撒谎。他说自己看到了满树的果实，让人想象到一个丰收的季节。

听完四个儿子对同一棵梨树的不同讲述，老翁笑道："你们每一个人都是对的，之所以你们对同一棵梨树有不同的看法，是因为每一个人只看到那梨树一个季节的风景，并没有看到梨树完整的景象。"

在现实生活中，很多人和老翁的儿子们一样，总是还没有看完事情的整个真相就开始发表自己的议论，或者还没有听完别人把一件事情的过程讲完，就开始发表自己的观点和看法。这是一种不明智的做法。

有不少销售人员在和客户沟通的时候，常常犯同样的错误。比如，在和客户聊天时，刚刚听客户说了几句话，就认为自己对客户了如指掌，开始急着对客户销售产品，希望客户尽快地下订单。在没有听客户说完最后一句话之前，千万不要盲目地对客户销售产品，因为这个时候你还没有彻底了解客户，根本不知道他们真正的想法和需求。如果你盲目地对客户的话或者行为下结论，往往会过犹不及，不但没有成功地拿到订单，还会把有可能成交的客户吓跑！

要想完全去了解一个人，一定要耐得住性子，切忌盲目地给别人下结论，对别人的行为进行毫无根据的猜测。否则往往会因为你的妄动，而把彼此的关系搞僵，或因为你的猜疑冤枉别人的好心。

历史上就有类似的故事。

孔子带着弟子们一起周游列国，到达陈国的时候，因为兵荒马乱，已经断粮好几天了，不得不以野菜充饥。在危难之中，孔子从某一个角落里寻到了半斤白米，于是吩咐学生颜回煮饭充饥。半个时辰之后，孔子走向厨房，看颜回是不是已经把饭煮好，刚好在这个时候，孔子隔着门缝看到颜回正在用手抓着饭向自己的嘴中填。在孔子心中，颜回是一个声望很高的学生，但是他的这一举动让孔子对他非常失望，但是为了给颜回留一点面子，孔子装作什么都没有看见，悄悄地回到自己的房间。过了一会儿，颜回请孔子用餐，孔子告诉他说："先祭了祖先再吃。"颜回一听师傅的话立刻下跪道："锅里的饭我已经用手抓过了，恐怕不能够祭祀祖先了。"孔子听了徒弟颜回的话，心中露出一丝惊喜，认为颜回虽然偷吃了饭，但是还算诚实。颜回接着说："房子已经很久没有人住，房梁上落满了灰尘，在揭开锅盖的时候，这些灰尘就落在了锅中，污染了上面的一层米饭。为了不浪费这来之不易的粮食，我就把沾了灰的饭给吃掉了。"听了学生颜回的话，孔子为自己猜疑学生的行为而倍感惭愧，于是轻声感叹道："了解一个人真的太难了，在完全了解别人之前，千万不要轻易下错误的结论。"

就连圣明的孔子还有错怪好人的时候，更何况是我们一介平民。所以，在和人交往的过程中，无论是用耳朵听，还是用眼睛观察，在还没有完全了解一件事情的真相之前，不要对事情过早下结论，凡事要多看、多听、多思。

人人都需要他人的倾听。只要我们具有一颗爱心、耐心，很容易便会发现那些需要倾诉的人会不知不觉地就将自己的心灵向你敞开。

每个人心中都有一个故事，不管这个故事是悲是喜，都是隐藏在他们心中最深处的。每个人都具有倾诉的欲望，希望找到一个愿意听自己倾诉的人。客户将自己的心扉打开，倾诉自己心中的故事，无疑是对你的信任。但是，如果一名销售人员没有足够的耐心去听完客户的故事，就过早地下结论，客户就会认为你不尊重他，也就会停止对你的倾诉，自然也不会购买你的产品。

记住：在与客户沟通的过程中，只有耐心地听客户把自己的故事讲完，真正地走进客户的心中，才能抓住客户内心的那根绳，让客户始终跟着你走！

专家指点

1. 在没有完全了解一个人之前，请不要轻易对别人的事情下结论，这往往会让你得出错误的结论，甚至会错怪别人的一番好意。

2. 针对某一事物，如果你和别人的观点不同，这并不是你错了，也不是别人错了，而是因为你们观察事物的角度不同，结果也自然各异。

不要在听客户说话时

表现出不耐烦的表情

歌德说："对别人述说自己，这是一种天性；认真对待别人向你叙说他自己的事，这是一种教养。"现在来读这句话，让人有一种更深的理解和感悟。

现在的社会，好像所有的人都越来越忙，不是忙着考证，就是忙着挣钱，不是挣钱就是忙着升官。很少有人能够耐下心来听别人唠叨几句。就算偶尔聊天，也具有很强的功利性和目的性，而且每个人都无法真正地耐下性子听别人说话，在攀谈的过程中，总是你说你的观点，我发我的议论，每个人都想一吐为快，满足自己倾诉的欲望。

耐心地倾听别人谈话，不仅是一个人修养和素质的表现，而且在沟通的过程中，可以使你赢得对方的认可和信任，在无形中就拉进了彼此之间的感情距离。

作为一名销售人员，很多时候，考验的并不是你的销售能力，也不是你的口才，而是你是否具有倾听客户说话的耐心。无论客户的话有多长，无论你对客户说的话有多么不感兴趣，你都要做到耐心地把客户的话听完，这样你就很容易在销售中成功。

有一对夫妇走进了一家丰田4S店，想要买一辆车。销售员小吴热情地接待了他们。这对夫妇转了半个多小时，最后，妻子挑中了一辆红色的。可是就在付钱的时候，丈夫突然觉得没必要买一辆那么贵的。丈夫就对妻子说："16万，有点没必要，你再重新考虑一下，挑一辆稍微便宜的。"

妻子一听老公的话，面容立即发生了180度的转变，愤怒地嚷道："给我买辆16万的车你就嫌贵了，你在外面包二奶，给她买套房子的时候，你怎么不嫌贵呢？那时候你怎么就不心疼钱了？"妻子越说越生气，两眼狠狠地盯着自己的老公。

丈夫一看妻子发火了，面子上有些挂不住，半开玩笑半认真地说："当着外人的面，别说这些，多难听，让人笑话。都已经过去了，还提它干什么。"

妻子仍然不依不饶："我告诉你，对你来说是过去了，可是对我来说永远都过不去。我永远不会忘了那个狐狸精。"

丈夫道歉："好了，别闹了，咱们买还不行吗！"

妻子说："我还不买了呢！"

丈夫知道妻子这是故意无理取闹，不想在这丢人现眼，转身离开，留下了妻子一个人在这儿。

妻子看着丈夫离去的身影，立即泪流满面，一边擦眼泪，一边对小吴说："小姑娘，你以后找老公，千万别找有钱的。男人一有钱就会变坏。"

接着，她就开始不停地向小吴诉苦。小吴很反感，认为这种家丑完全没必要说给外人听。小吴有些不耐烦了，皱着眉，想找个借口离开，忽然抬头看到了店里的一则标语："永远都要笑迎客户。"小吴立即换了一副笑容，耐着心听这位女士倾诉。

女士泣不成声："小姑娘，你知道吗？刚开始我要嫁给他时，我家里人死活都不同意，嫌他家里穷。但是我就看上了他对我的好，义无反顾地嫁给了他。结婚后，我们夫妻一条心，靠着自己的努力开了属于自己的公司。可是公司一旦做大，他的应酬也就多了，更学会了玩女人，更可恨的是，还在外面包了个大学生，你说我的命苦不苦……"

这位女士一直在对小吴哭诉，小吴始终微笑着耐心地听着。直到这位女士把心中的怨气都发泄完，情绪才平静下来，然后拿出了一张金卡："小姑娘，感谢你能耐心听完我的遭遇，我从来没有这么痛快地倾诉过。

小姑娘，就看你这份耐心和真诚，这车我买了。还有，去我公司干吧，每月给你开5000。你看怎么样？"小吴喜出望外，没想到耐心地听客户的倾诉还能得到这种意外的惊喜！

倾听，最考验的就是一个人的耐心。在销售中，遇到的客户素质不同，性格也不一样。有些客户喜欢滔滔不绝，但是你又不知其所云；有些客户喜欢说一些和主题无关的废话，让你感到心里厌烦；甚至有一些客户会无缘无故地向你发一堆牢骚。当你碰到这样的客户的时候，千万不要一走了之，而是学会耐心地倾听，也许正是你这不经意的付出，就换来了一个大的订单，或者是遇到一个可以在事业上助你一臂之力的贵人！

耐心倾听，关键在于心里装着客户，真正地尊重客户，用心地为客户服务。如果你缺乏耐心，不要说为客户服务了，就连听完客户的讲话都是一件困难的事情。这样，客户也就不可能从你的手中购买东西。切记：不要将自己的不耐烦表现在脸上，即使你不喜欢，也要笑着把话听完。

专家指点

倾听，最考验的是一个人的耐心。当你碰到这样的客户的时候，千万不要将自己的不耐烦表现在脸上，更不要一走了之，即使你不喜欢，也要笑着把客户的最后一句话听完。也许正是你这不经意的付出，就能给你换来一个大订单，或者遇到一个可以在事业上助你一臂之力的贵人！

要仔细听对方说什么，不要把精力
放在思考怎样反驳对方的观点上

一天，屡屡受挫的营销人员聂涛去找一位营销大师，想寻求一些营销成功的灵丹妙药。但是这位营销大师性格非常古怪，总是爱问一些奇怪的问题来刁难拜访者，聂涛为此好好地准备了一番。

营销大师听了聂涛的来意后把他请到了自己屋后的一片竹林里。大师什么也没做，只是让聂涛静静地待在竹林里半个小时。

聂涛不知道大师的葫芦里究竟卖的什么药，只好静静地在竹林里待着。

半个小时过去了，大师将聂涛请出了竹林。大师问聂涛："刚才是一只什么鸟在竹林里鸣叫？"

聂涛傻眼了，他没想到大师会问他这样的问题。

大师什么也没说，再次让他走到竹林里。这次聂涛很留意地去听鸟叫。他想给大师一个满意的答复，以证明自己确实在听。可是，他在竹林里待了半个小时，却怎么也听不到一声鸟鸣。最后，当聂涛刚要走出竹林的时候，一只黄鹂飞了过来，叫了两声。聂涛很高兴，觉得这次可以答对了。

大师见到聂涛问："刚才你在竹林的时候，竹林里有个亭子，你看到它有几根柱子了吗？"聂涛听到大师的问题，又傻眼了，他后悔自己为什么不在走出竹林的时候多留意一下亭子呢？

大师对此也没有发表评论，而是让聂涛接着走进竹林。这次，聂涛没有只是观察鸟鸣和亭子，还把柱子、草地、鲜花以及自己看到的一切东西都记在心里。这次他信心十足地走出竹林，相信自己这次一定能给大师一个满意的答案。

大师这次问道："在你没有走进竹林之前，有一辆汽车停在我的家门口，你看到是什么牌子的吗？"大师的这一问完全和竹林没有关系，聂涛当然更答不上来了。聂涛很沮丧，认为自己的表现没有让大师满意。

大师看出了聂涛的疑惑，说："在我让你进竹林的时候，你是一种什么心情？"

"我想给你一个满意的答案。"

大师笑着说："也就是说，你想用正确答案来反驳我的问题，对吗？"

"嗯。"聂涛回答。

"可是，你在进竹林之前，问过我，我要问你什么问题吗？"大师说道。

……

"在你进去之前，你只想到如何去反驳我，找到正确答案，把注意力都集中在如何反驳我的问题上，却没有想着去听一听我的问题是什么。其实，在营销过程中，你已经拥有了极强的专业知识，当客户告诉你一些事情的时候，你总想去反驳他，把精力都放在了反驳客户的观点上，而对于客户的真实想法，你却忽略了……"

聂涛听完之后恍然大悟，深深地向大师鞠了一躬……

在销售过程中，你是不是也有过因为反驳否定客户的观点而失去生意的经历？我就有过这样的经历。

当时我从事电子零部件的批发生意，主要是向一些代理商推荐新款的电子产品。有一款新型的电脑刚刚上市，在价格上只比旧款贵了200多元，但是在配置上要比旧款强出很多，而且使用寿命也有所延长。我极力向代理商推荐这款产品，并告诉他产品是如何如何的好，多么多么地受消费者欢迎！但是客户考虑到他们地区的客户消费水平有限，就决定先进货

10台试验一下，如果市场反响好，再多进一些。但是我考虑到向他们那里送货比较麻烦，就强烈要求他一次要20台，并举出其他代理商的销售情况来说服他，我们之间激烈地讨论了很长时间。

结果最后他一台机器都不要了，而且很生气地说："以后不要再让我看到你，我们之间再也不可能合作！"听到他的话，我感到很委屈，我让他多进一些，也是为了他好，为什么他就不领情呢？反把我的好心当成驴肝肺。回到公司之后，我认真分析了自己失败的原因，发现原因出在自己身上。当他提出先试卖10台新型机器的时候，我不应该强烈反对他的想法，毕竟他们那个区域的消费水平，他比我了解得更清楚。之后不久，我的一个同事也向那个代理商推荐了同一型号的电脑，并答应了他的要求，第一次给他10台试卖，如果市场反响好，再多进一些。

不到一个星期的时间，那种新款的电脑就一卖而空，代理商给同事打电话，一次就进货100多台。现在，仅仅这一家代理商，一个月就有几百台的销量。

虽然我后悔不已，但是为时已晚。如果当初我接受代理商先试卖10台机器的要求，现在每个月多卖出几百台电脑的人，就不是我的同事，而是我。既然那个代理商具有如此大的销售能力，他还能够代销其他的电子产品，这样算下来，我将增加一个很大的订单，但是现在说什么都已经来不及了。

试想一下，如果你正在和一个人谈话，对方不但不专心听你说话，反而总是和你辩论不休，把所有的精力都放在思考如何反驳你的观点上，你会不会觉得心里很不爽呢？

没错，在和人交谈的过程中，最怕的不是对方没有用心听你说话，而是他在听，但是精力不放在听上，而是在思考如何发表自己的意见，如何反驳你的观点。倾听，需要全身心地投入，需要认真聆听对方的观点，此时，你千万不要打断对方的观点，更不能想着如何去反驳别人。

营销人员更是如此，如果你在每次倾听客户话语的时候，都要和客户争辩不休，这样你不但不能抓住客户说话的重点内容，还会使客户对你产生反感。

　　在聆听客户谈话的时候，做到耐心认真，让客户说出自己最真实的想法，给客户说出自己观点的机会，不要一听到客户的观点和自己不一致，就开始反驳。就算是客户错了，也不要当面反驳，而是有礼貌地给客户台阶下，如果你懂得尊重客户，给客户留足面子，客户就会感激你、喜欢你，自然就会买你的东西，这无论是对客户，还是对销售人员自己，都不失是一种两全齐美的选择！

　　一个人的精力是有限的，如果你把自己的精力都放在某一件事情上，那么用在其他事情上的精力就会不够。如果我们只是把精力放在如何反驳客户的观点上，那么对于客户的需求，我们就没有足够的精力顾及，最后，你不但没有拿到订单，反而永远地失去了一个客户！

专家指点

　　一个人的精力是有限的，如果你只是把精力放在如何反驳客户的观点上，你就没办法了解客户内心真正的需求。这样，你不但错过了成交的机会，而且会因为得罪了客户而永远失去客户！

不要使你的思维跳跃得比客户还快，不要试图
理解对方还没有说出来的意思

有人说：小倾听有小业绩，大倾听有大业绩，不倾听就很难有业绩。有很多事情，尤其是商业销售，只有通过人与人之间相互倾听才能完成。营销人员学会了倾听，也就获得了打开成功之门的钥匙。

那么，我们营销人员在倾听的时候有什么要注意的呢？要克服以自我为中心，要克服自以为是：不要总想占主导地位，不要使你的思维跳跃得比客户还快，更不要试图去理解对方还没有说出来的意思。我们不要打断对方的谈话，要让对方把话说完，不要匆忙下结论，不要急于评价对方的观点，不要急切地表达建议。

我们在倾听的过程中，要仔细倾听对方都说了些什么。在倾听的过程中，要时刻问自己是不是有偏见或成见，它们很容易影响你的注意力，同时，尽量不要把精力放在边倾听边琢磨他下面将会说些什么上。这是我们每一个营销人员都应该注意的大忌。

经理把李刚叫到办公室，问他这几天的销售情况怎么样，有没有遇到什么问题。正好李刚这几天在业务上有一些苦恼，他就把前天的一次营销失败的经历告诉了经理。

前天，李刚去一家房地产公司销售自己公司的装饰材料。当李刚见到那位房地产老总的时候，感到非常意外，因为无论从长相上还是气质上，都看不出来他会是一位老总，反而更像是一名农民工。李刚心想，这位一定是个没有学问的主，能蒙则蒙，反正只要能卖出去东西就行。于是，李

刚的心思就放在了如何去说服他上。和这位老总一交谈，李刚更发现，这人根本没有一点心机。李刚总觉得他的想法过于简单，总能被自己猜到。他还没说话，自己就知道他下面的意思是什么。于是，李刚滔滔不绝，连蒙带骗地把这位老总想知道的，想了解的问题都说完了。当李刚自认为一切都在自己的掌控之中时，老总却毫不留情地拒绝了他。这让李刚百思不得其解。

经理听完之后，没有说什么，而是让秘书拿来了一枚鸡蛋。

经理拿着鸡蛋，若有所思地问李刚："这是什么？"

李刚说："鸡蛋。"

经理接着又问："你认为这个鸡蛋是生的还是熟的？"

李刚说："不知道。"

经理笑着说："谁都能一眼看出这是一枚鸡蛋，但是谁又能一眼看得出这枚鸡蛋的生熟呢？这就如同客户，在你第一眼看上去的时候，你可能认为他对你的产品一无所知，但是，你能真正明白他到底是一个行家还是一个外行吗？这个时候，不要总用自己的想法来猜测对方还没有表达出来的意思，而是要认真地倾听客户所说的每一句话，来分析客户话中的意思，以此来判断客户的真正意思。"

李刚恍然大悟："原来自己输给客户的真正原因并不是自己太笨，而是因为自己总想表现得比客户聪明。"

经理拍了拍李刚的肩膀说："记着，给客户说话的机会，永远别去用你跳跃的思维去猜测客户还没说出来的想法。只有这样，你才能成功。"

没错，在销售中，有的客户我们一眼就能够看出来他是这个专业的外行，但是，更多的时候我们的猜测是错的。千万不要以貌取人，当我们无法判断一个客户的真正实力时，千万不要让自己的思维跳跃得比客户还要快，更不要凭着自己的经验去猜测客户还没有告诉你的东西。如果你这样做了，你会发现，客户的想法其实和你的自作聪明相差很远。

只有给客户说话的机会，并用心倾听他说过的每一句话，你才可以看透他的心思和想法，并从客户的话语中发现他的弱点。只有做到知己知彼，你才可以在和客户的博弈中屡战屡胜！

专家指点

在倾听客户说话的时候，不要总是以自我为中心，不要总是试图说出对方还没有说出来的意思，只有用心倾听客户，你才能够真正地了解客户；只有做到知己知彼，你才能够屡战屡胜，成功地拿到订单！

机密不可泄露：千万千万
要对客户的秘密守口如瓶

相信不少人都有过这样的经历：你正在忙着工作，突然有一个陌生的电话找你，但是说话的口吻像极了你的故友，对你的所有信息了如指掌，你正在纳闷时，对方自我介绍道：××先生你好，我是×××公司的，今天给您打电话的目的是想做一个消费者调查。可是你绞尽脑汁，也想不出自己究竟消费了什么东西。或者你总会收到一些写给你的信件，上面不是给你推荐什么产品，就是说你中了大奖；或者在你的E-mail里发送大量的垃圾信件……

对于很多人来说，这种事情屡见不鲜，有时候一天能接到三五个这样的电话，从而严重地影响了你的正常生活。在处理这些莫名的电话和信件时，你最大的疑惑就是：这些公司到底是从哪里弄到我的这些详细资料的？后来才恍然大悟，原来在N年之前，你曾通过电话购物买了一部手机！

在日常消费中，有不少企业打着会员制或者商品折扣制的旗号，哄骗客户留下自己的详细资料，然后企业会把这些资料输入公司的资料库，作为以后的商业之用，以提升自己企业的市场竞争力。也有不少不道德的公司，常常把客户的这些隐私资料作为商业机密转卖给其他的公司。不经过客户的同意，将客户的个人资料滥用，这不仅使客户的隐私权受到侵犯，同时也影响了销售人员和企业在消费者心目中的形象，从而失去了消费者对他们的信任！

商场如战场。商场的机密很多时候能决定一次"战争"的胜与负。作为一名营销人员，我们的基本职业道德就是要替客户守住秘密。因为这不但体现着我们本身的素质，更是我们对客户的负责。保密需要一份爱心和责任。它是一种真诚，更是我们的人格魅力和修养的体现。

守住客户的秘密，不但守住了客户对你的信任，也守住了自己的成功。

小刘今天一上班，就接到某公司的业务员小李的电话，说今天晚上要请他吃饭。小刘心里直犯嘀咕：这家公司和我们公司是死对头啊，这次在高速公路标段的竞争中，我们两个公司争得你死我活，有置对方于死地的气势。他怎么会请我吃饭呢？莫非是想打探我们公司的一些消息？

小李在电话里说："我这次请你吃饭，主要是感谢你上次帮我买房子的事。这事都过去快一个月了，我还没有什么表示，总觉得心里过意不去。这次，你一定要给我个表示的机会。"

小刘想起来了。前不久，小李准备买房结婚，小刘就帮他找了一下自己一个做房地产的朋友，帮他省了不少钱。这么说他应该真的只是想表示谢意，而没有其他的想法。

"晚上7点，皇城大酒店，不见不散哦。"小李说完就挂了电话。

小刘心里还是有些顾虑，在这个时候和自己的对头一起吃饭，影响可不好。但是，想想自己已经答应了别人，还是去吧。小刘对自己很有信心，毕竟在商界打拼了那么多年。

晚上7点，小刘如约而至。走进饭店，看到只有小李和他的未婚妻，心里也就松了一口气。

酒过三巡，小刘就被小李和他的未婚妻灌了个烂醉。他不知道自己说了些什么，也不知道自己是怎么回家的。只知道，自己今天交了个朋友，心情很好。

过了几天，高速公路工程的竞标开始了。在竞标过程中，小李的公司就像是知道这个工程的内部信息似的，招招命中对手死穴。而且，小李的公司还对小刘公司的底细一清二楚。最后，小刘公司输给了小李公司。

事后，小刘思索再三才明白，原来小李请的那顿酒里有着太多的"酒精"，自己也过于大意，所以酒后吐了真言，将自己和工程的信息全都告诉了小李。最后不但失去了这笔大生意，还只能吃哑巴亏。

小刘后悔自己当时犯了糊涂，不但把客户的信息告诉了竞争对手，还把自己公司的秘密告诉了对手，对手抓住了这些重要信息，然后有的放矢，怎能不成功呢？

其实，商场的尔虞我诈何止这些。如果我们不能将自己的嘴"锁住"，不能将客户和自己的秘密守口如瓶，这等于我们用"赤手空拳"去和别人的"枪炮"作战，最终的结果肯定是输给竞争对手！

如果你能帮客户保守秘密，客户就会信任你，就会把你当成他真正的朋友。作为营销人员，很多时候并不是输给了自己的能力，而是输给了自己的嘴巴。要想在销售中永远不败，就需要你有一张"守口如瓶的嘴巴"，对客户的秘密只进不出！

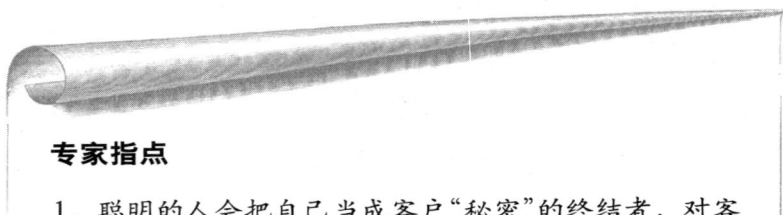

专家指点

1. 聪明的人会把自己当成客户"秘密"的终结者，对客户的秘密守口如瓶。

2. 商场如战场，如果你不小心把客户的秘密泄露给竞争对手，就如同赤手空拳地和全副武装的竞争对手作战，最终你会输得很惨！

第十四章

销售中80%的业绩
都是靠耳朵来完成的

☆

古希腊思想家苏格拉底说过：上天赐予人以两耳两目，但只有一口，就是使其多见多闻而少言。

在销售中，营销人员80%的业绩都是靠耳朵来完成的。倾听是营销人员对客户能做的一个最省钱的让步，更是订单不请自来的有效助力。只要营销人员能从客户的倾诉中感知客户的内心，从客户的需求出发，抓住客户的"辫子"，适时出击，就必定能够在营销的道路上走得更远。

倾听是你对客户能做的一个
最省钱的让步

美国谈判学家卡洛斯说："如果你想给对方一个对你丝毫无损的让步，这很容易做到，你只要注意倾听他说话就成了，倾听是一种你能做得最省钱的让步。"

在和客户沟通的时候，不少销售员总是把自己扮演成强势的"攻击者"，而客户就是他们即将到口的"猎物"，为了达到销售产品的目的，总是试图用各种方式来说服客户买你的东西。你目标明确值得赞美，你能言善辩也是值得学习的，但是在销售的过程中，你却忘记了销售者最基本的能力：倾听。在与客户沟通的时候，不要试图和客户抢着说话，而要用心倾听客户表达的意思，这看似是你对强势客户的一种让步，使自己处于了不利的被动地位，但是恰恰正是这种"欲擒故纵"的方法，让你更紧地抓住了客户。

如果说听客户说话是对客户的一种妥协和让步，那这种让步就是一种最省钱、最不赔本的让步，这种以退为进的方法甚至会让你赚到更多。

薛斌是一家机床设备的代理商。有一天早晨他接到了客户刘先生的电话，告诉他自己的工厂急需两台设备，需要他来厂里报价，越快越好。薛斌放下手中的电话，就开始准备谈判所需的合同和资料，一个小时之后，薛斌就赶到了客户的工厂。客户对薛斌这种守时的精神很赞赏，然后就开始谈判购买设备的事情。经过一个半小时的谈判，客户对薛斌的产品相当满意，但是在价格上和他发生了争议。这个客户是薛斌的老客户，所以在最初谈价格的时候就已经把价格压到最低：一台设备是230万元，两台自然就是460万元，设备安装之后的一周内付款。客户给的价钱是430万元，货到一周之后付清。但是这已经是最低价了，如果按照客户说的430万元，不但自己赚不到钱，而且还要向里面倒贴进10万元。

这个时候，客户开始犹豫起来，有些不好意思地说："薛先生，你看这样可以吗？我先要一台，剩下的过一段时间再说。"

眼看马上到手的生意要出意外，薛斌的心里有些不高兴，但是又不好意思表现出来，于是就有一搭无一搭地和客户聊了起来。聊着聊着，就聊到厂子最近发展的事情，客户相当感慨地说："自己创业真不容易呀，我辛辛苦苦地打拼了四五年，挣的钱又全投了进去。这不，工厂的规模在逐渐扩大，需要的投入也多了起来，我本来准备引进4台设备，现在因为资金的周转问题，也只能先引进一台设备。如果现在谁能够借我500万元，周转两个月的时间，我就太感激他了！"

薛斌突然想到了公司有一条规定：对于公司内的老客户，设备汇款的时间可以延后两个月。薛斌灵机一动，接着客户的话颇有感触地说："是呀，自己创业确实不容易，公司里的事情，样样都需要你亲自打理。如果你真的是因为资金周转的问题影响了公司的发展，那真是划不来的事情。刘总，你看这样如何，设备你先用着，汇款的事情，我向公司申请一下，尽量给你延缓两个月的时间。"

刘总听到薛斌的提议后兴奋不已，对薛斌非常感激。第二天薛斌就派人把设备送到了刘总的工厂。两个月之后，刘总准时地把460万元汇到了薛斌公司的账户，并且给薛斌打电话说："真的感谢你的帮助，让我度过了资金周转的困难期。最近我还需要增加两台设备，这次全是现款。"

可以说，薛斌能够拿到这样一批订单，所有的功劳都在他对客户的倾听上。如果在客户确定购买一台设备之后，他没有及时地和客户聊天沟通，而是拿到一台设备的订单之后就急匆匆走人，相信他不可能在短短两个月的时间内卖出4台设备。在谈判过程中，薛斌主动提议让客户延后两个月付款，对客户进行了让步。但是正是这种方法，让原来一台设备的订单变成了4台。在这次谈判中，他不但没有吃亏，反而赚得更多，他得到的不仅仅是物质上的回报，更是在人情上留住了客户。

客户和销售人员经常会在价格和付款方式上争执不休，甚至因为这种争执，让即将到手的生意丢掉，这是得不偿失的事情。此时，你需要让自己变得灵活起来，不要在这些问题上死死地僵持，而要给客户留有一定的缓和余地。比如，你如果在价格上不能够给客户让步，可以在汇款方式上有所妥协，如果你在汇款方式上没有缓和的余地，可以在产品价格上有所优惠。只要你懂得适当地向客户妥协，就可以以退为进，把客户抓得更紧。

在和客户沟通的过程中，不要老想着自己能够赚到多少钱，而是要想想你为客户做了多少事情。在倾听的过程中，了解客户内心最真实的想法，当你站在客户的立场上思考问题，并为他做出让步的时候，客户自然就会签下订单。这也是你整个销售过程中，最想达到的目的。

专家指点

1. 倾听是一种最省钱的让步，甚至可以让你赚到更多的钱。

2. 销售的宗旨不是你挣了客户多少钱，而是你为客户做了多少事。

如果你对客户的话感兴趣，并有急切听下去的愿望，
那么订单就会不请自来

西方有一句谚语是"雄辩是银，倾听是金"。而在中国则流传有"言多必失"和"讷于言而敏于行"的格言，这些话都告诉我们，在和别人交往的过程中，一定要做到多听少说。

如果你认真观察，就会发现，在我们身边有这样的一类人：无论在什么场合他们总喜欢说话，他们高谈阔论、谈古论今，无论别人讨论什么话题，他们都有自己的观点，他们能言善辩、口若悬河，走到哪里他们都是引人瞩目的主角。刚刚接触的时候，你会感觉这种人真是知识渊博、无所不知，让人佩服得五体投地。但是稍微有一点社会经验的人，就会对这种人不以为然。其实喜欢说话的人，他们肚子里并没有多少真正的东西，充其量也就是经常用的那几把刷子而已。

而那些真正聪明的人，他们是不会轻易说话的，他们知道言多必失，所以不到万不得已，他们绝不开口；但是到了不得不说的时刻，他们一定会说，而且句句都是让人为之折服的经典和真理，有一言九鼎、一鸣惊人的效果。

在销售中有一种最简单的销售方法就是：聆听。"雄辩是银，倾听是金"这句话更是销售中的名言警句。在和客户沟通的过程中，如果你对客户的话感兴趣，并且有急切听下去的欲望，那么你的订单就会不请自来。就算客户在下订单之前，出现了短暂的沉默和犹豫，你也千万不要用自己的话来打破这片沉默，而是给他足够的思考时间。相反，如果在客户还没

有做出决定之前，你总是口若悬河地说服客户或者自作主张地帮客户下订单，这样你就会打断客户的思路，让客户感觉你目的性强，没有站在他的角度思考问题。这样，客户就会放弃购买的决定，然后无情地离开，到时候让你后悔到吐血。

丁健是一家网络公司的销售员。他在营销行业打拼半年多了，却没有拿下一份订单。而和他同时进入这家公司的刘伟却平步青云，仅用了三个月的时间就从一名普通员工做到了销售部经理的位置。丁健很疑惑，自己每天早出晚归，拼死拼活地工作，却收获甚微，刘伟很少出门拜访客户，每天只是轻松地打几个电话，订单就源源不断。

终于，丁健鼓足勇气，走进经理办公室，将自己的疑惑告诉了李经理。李经理给小王倒了杯水，让他坐下。李经理说，我给你讲一个故事吧，这是我的亲身经历。

"有一天，我去一家大型化工厂进行业务销售。我见的第一个人是一位很年轻的领导，大概三十出头。我觉得这个人这么年轻就走上了领导岗位，肯定有他的特殊才能。我试着与他攀谈，在聊天的过程中，我觉得自己的心情非常愉快，认为这是一个值得交的朋友。而那位年轻领导对我的印象也相当不错。奇怪的是，向来目标明确的我，在和他聊天的时候竟然完全忘了自己的使命，和他聊的内容天南海北，全是和我的目标无关的话题。

"那位年轻的领导是一个'海归'，在国外学的是经济专业，非常喜欢聊中国的经济。我虽然不怎么精通，但是很感兴趣。他在我面前讲得相当投入，虽然他说出的很多专业术语我都不懂，但是我像着了魔似的，非常急于听到他讲自己对中国的经济现状、对化工产业的现状的看法。聊完的时候，天早已黑了，我起身离开厂区的时候，才发现自己把任务忘得一干二净。当时也十分懊恼，后悔自己不该只去倾听客户的兴趣，而忘了自己的工作和使命。

"第二天，我刚到公司，就接到了一个电话，是那个年轻领导打来的。他很爽快地说：'昨天和你聊得非常开心。谢谢你让我有一次把自己的建议和观点说出来的机会，这让我的心里不再感到压抑。你下午把合同带来吧，我们建立长期的合作关系，我相信和你合作一定很愉快。'

"后来我才知道，这个年轻领导是那个化工厂的副厂长，由于他的理念和观点太过超前，不被老厂长接受，他常常因为没有施展自己才华的机会而郁闷不已。正是因为遇到了我，让他有了痛痛快快阐述自己观点的机会，所以认为终于遇到了知己。因为我们志趣相投，除了在工作上的合作，我们还很快就成为无话不谈的朋友。后来，他又帮我介绍了很多的业务。"

听到这里，丁健茅塞顿开，恍然大悟……

有经验的营销人员都知道，对客户的话语保持一种无限的好奇心，时刻保持着一种不听不爽的激情，与客户进行心与心的交流，做到这些，我们有时候得到的就不仅仅是眼前的交易。由于我们的真诚和人品被客户所认可，潜在利益也会接踵而来，我们不再用东奔西跑，订单就会不请而来！

在和客户沟通的时候，一定要让客户感觉到，你不是在应付他，而是在全神贯注地听他说话。你可以用手托着自己的腮帮子，表现出对他谈话的陶醉，为了表明你正在听他说话，你需要适时地发出一些惊叹的声音，比如"天哪""太棒了""太不可思议了"等，这可以说明，你对他充满崇拜和敬仰。在某一事情上，就算你真的比他精通，也不要表现出自己无所不知，而是时不时地问一个弱智的问题来满足他们的成就感。当你让他的嘴巴爽快了之后，他就会对你产生一种留恋的感觉，为了让自己具有继续和你交流的机会，他就会主动地签单！

在营销过程中，要用心去倾听客户的话语，给客户足够的倾诉空间，时刻保持对他说的话的兴趣，让客户从心里对你有一种心理认同感。这样，你不必出门，订单也会雪片一样扑面而来。

如果你让客户高兴，他就会让你更高兴；如果你让客户的嘴巴舒服，他就会让你的钱包饱满。让自己试着对客户的谈话感兴趣，并做到侧耳倾听，你会发现，总有一天，订单会不歪不斜地"砸"到你的头上。

专家指点

1. 在客户还没有做出购买决定之前，千万不要急切地说服客户购买，这样不但会打断客户的思路，而且会让客户感觉到你急功近利，这样客户就不可能购买你的东西。要想让客户主动购买你的东西，就应该学会站在客户的角度上思考问题。

2. 时刻尝试着侧耳倾听你的客户，时刻保持着对客户谈话内容的浓厚兴趣，努力让自己做到这些，订单就会不请自来。

切忌"唱独角戏"，
给客户说话的机会

很多人都有这样的毛病：当你需要别人赞同自己的意见的时候，就会滔滔不绝地大说特说，从来不考虑对方的想法和感受，更不给别人说话的机会。尤其是销售人员，更容易犯这样的错误。

前几天，我就遇到过一个很典型的事情：

我和朋友约好在麦当劳见面，讨论一部书稿的事情。我刚坐到凳子上不到一分钟的时间，就有一个穿着时尚的女孩走过来，还没聊几句话，就开始劈头盖脸地给我介绍保险，给我讲保险的种类、好处、上保险的方法。她滔滔不绝，可我连一个字都听不清楚。她说话的字句之间也没有任何的停顿和间歇。我好想让她停下来，但是我感觉她的语速快得让我实在插不上半句话。10分钟之后，我等的朋友终于来了，我赶快借机逃离了这场灾难。

见到朋友后，我开玩笑地向朋友说起了这件事，朋友笑道："这个女孩根本不明白客户心里在想什么，她不是一名合格的销售员，更不可能成功地销售出自己的保险。"

的确如此。作为一名销售员，如果你不给客户说话的机会，说明你没有重视你的客户，也没有给他最起码的尊重，你更不知道他的内心在想什么。这往往会让客户对你产生厌倦和排斥感，从此你就会永远失去和这个客户沟通的机会。

一个只会说话，而从来不愿意静下心来听别人说话的人，即使你所得再多，再精彩，也不会得到别人的认可，更不可能得到别人的尊重，因为你从来没有用"听"来了解对方，熟悉对方，从而进行心与心的沟通。这种人就算口才再好，也是枉然，被别人认为是一个无知的人。

作为一名销售人员，你可以滔滔不绝，可以口若悬河，但是一定要给客户说话的机会。我们常说："听比说更重要。"是的，耐心地听对方说话，这不仅是一个人自身修养和素质的体现，更是对客户的重视和尊重。

聪明的人会发现，一旦你成为说话的主角，你不但不会变得主动，反而会变得更加被动。因为你一直在唱"独角戏"，没有给客户说话的机会，从而忽略了客户内心真实的想法。不明白客户的真实想法，我们又如何对症下药呢？

看过这样一个故事：有一个中年人，不喜欢自己年老的父亲娶来的继母。感觉这个女人并不是真的爱自己的父亲，只是为了父亲的钱才和父亲结婚。他对很多人说了自己的想法，很多人也信以为真。不久，他说的话也传到继母的耳中，好几次继母都想在他面前把事情讲清楚，可是，他从来不给继母任何解释的机会。

后来，他的父亲去世了，他就离开了原来的家，和妻子、儿子搬到城里居住，从此再也不理那个让他讨厌的继母了。但是继母没有怪他，而是一直给他打电话，让他回老家一趟。可他总是以"太忙"为借口来推辞继母。他的妻子也劝他，让他去看看继母，毕竟是陪父亲走了几十年的女人，也算得上是自己半个母亲。他认为继母让他回去的目的，无非是为了向他要赡养费，于是就让人捎了些钱回家。

可是他的继母说她不需要钱，哭着求人帮忙打电话让他回去，但是，他铁了心，一直没有回家。他认定继母是缠上他了，嫌自己给的钱太少，于是从心里更加厌恶继母。

他决定彻底摆脱自己的继母。所以，买房子的时候，就特意买了顶层，他认为这样他的继母就爬不上来了，反正她这个乡下老妪也不会搭电梯。

但是，有一天，他的老继母还是找上门来了，他开门的时候，老继母上气不接下气地倒在门口，看到他的一瞬间，她笑了，她拿着一张存折对他说："孩子我对不起你，我是你的亲妈，但是在你小的时候没有尽到抚养你的义务，这存折里有10万块钱，我老了，用不着，你留着给孩子读书用吧。"说完，继母就晕倒在地上。他赶紧把继母送往医院，但是一切都晚了。

后来，他听知情的人说，这个继母其实是他的亲生母亲。他以前的母亲是父亲的第一个老婆，因为没有生育能力，父亲就和其他的女人生了一个儿子，儿子出生后，那个女人就从此消失了。父亲一直感觉自己对不起第二个女人。当自己的第一个老婆去世之后，父亲就决定把这个女人接回来，然后和她一起度过自己的余生，这个女人就是他现在所谓的"继母"。为了不打乱儿子正常的生活，父亲并没有告诉他事情的真相，希望他能够从母亲对他的态度上悟出什么！而他这个儿子枉费了父母的一片真心，最后也只能带着无限的忏悔和遗憾度过自己的余生。

试想一下，如果他不那么固执，如果他给继母一个与他说话的机会，如果他肯听继母的哪怕一句话，他就不会为自己的人生留下如此的悔恨！

在现实生活中，无论是你的亲人、朋友或是自己的客户，我们都应该给他们一个说话的机会，只有学会冷静地对待问题，你才能知道事情的真相，才能了解别人内心真实的想法。

在和客户交流的过程中，一定要为客户留有说话的机会，哪怕你认为他的观点是错的，哪怕你认为他说得毫无道理，你也一定要等对方把话说完再发表自己的意见。

专家指点

1. 不给别人说话的机会，你永远不知道对方想说什么，更不知道他内心真正的想法和需求，自然也就拿不到订单！

2. 你给别人留有一定的空间和时间，也就是给自己留有余地，给客户一次说话的机会，就是给自己一次成交的机会！

让烦躁的客户慢慢平静下来的
最好方法，就是聆听

营销人员自己不高兴了，郁闷了，怎么办？当然是忍耐。因为你不能得罪自己的客户，更不可能向客户发泄不良情绪。但是，如果客户烦躁了，我们该怎么办呢？唯一的办法就是静静地聆听，让客户把内心的怨气和郁闷发泄出来。

有一名客户怒气冲冲地冲进了一家按摩器代理店，把一台颈椎按摩器扔到柜台上，对着店里的工作人员祁涛大声喝道："你们都是骗子，你们卖给我的按摩器是假的，根本没有任何效果。"

祁涛很客气地请客户坐下，然后心平气和地说："先生，您能具体说一下您遇到的问题吗？"

"我上个月颈椎感到不舒服，同事告诉我是长时间坐着办公的结果，建议我去买一个按摩器多给自己按摩一下。我就来你们按摩店，听了你们的忽悠以后，花了500多元买了一台颈椎按摩器。谁知道，你们是骗子，我都用了一个多月了，可我的颈椎还是没见好转。你们都是骗子。"客户越说越激动。

祁涛赶紧给客户倒了一杯茶，然后边问"先生，您买的是这款按摩器吧？"边拿起客户扔在柜台上的按摩器。

"是的。"

"先生，您是从事什么工作的呢？"

"我在银行工作。"

"那您每天用多长时间来按摩呢？"

"20分钟。"

"先生，那我现在给您按摩一下，您感觉一下好吗？"小祁拿起按摩器给客户按摩起来。20分钟后，客户感到非常舒服。

客户十分好奇地问道："为什么你按摩的时候很有效果呢？"

"先生，请问您在按摩的时候打开磁震动开关了吗？"

"磁震动开关？没有啊！"

"先生，您看，就是这个小红色按钮，您忽略了这一点，您买的这款可是磁震动按摩器，如果您没有打开磁震动开关，怎么会有效果呢？"

那位客户满脸歉意地说："真不好意思啊。你看我刚才太冲动了。"客户这才明白，不是按摩器本身的问题，而是自己的使用方法不当。

祁涛很自然地和客户攀谈起来："我能理解您的心情，曾经有一位客户也出现了和您一样的情况，他也是忘了这个特殊的按键。用了一周之后，没有任何效果，就来找我算账，骂我们是骗子。当时我也非常生气，就和他争吵起来。最后闹了个不欢而散，问题也没有解决。"

倾听是一种非常重要的沟通交流方式，只有让客户痛痛快快地说出自己的观点和意见，你才能与其进行更深层次的沟通。客户的抱怨，不是需要你的激烈争辩才能化解的，这样只能让客户更加烦躁和不满，从而使矛盾激化。尝试着静静地聆听客户的暴怒，你会发现，这是解决争端最有效的方法。

没错，解决问题的态度和方式非常非常的重要。有时客户难免会因为对产品专业知识的缺乏犯一些错误，也会因为一些沟通上的误解大发脾气，这个时候，如果不经过大脑的思考，和客户硬碰硬，即使最后你辩论赢了，你的形象也会在客户心中大打折扣。为什么不试着认真聆听客户的抱怨，从客户的抱怨中找到问题的根源，从而再去寻找解决问题的办法呢？

以下是面对烦躁或者抱怨中的客户，你需要做到的几点：

1．**用心聆听客户的话**。一旦客户对你产生了抱怨的情绪，情绪过于激动、烦躁不安，甚至说了一些难以入耳的话，这个时候千万不要对客户做任何的解释，更不要和客户争辩，而是静静地聆听，等他把抱怨和不满都发泄出来，情绪安静下来的时候，再询问他事情的原因。这个时候，你可以一言不发，但是要用一些肢体语言来证明你在听他说话，并表现出对他的理解和关心。比如，用眼睛平视客户，并时不时地对客户的话点头表示肯定，让他知道你不是在敷衍他，而是在认真地听他说话。

2．**明确客户表达的意思**。客户一旦把烦躁和抱怨发泄完毕，情绪就会缓和下来。对于客户反映的问题，如果你还有不明白的地方，千万不要不懂装懂，而要确定一下客户要表达的真正意思。比如，你可以说："我还是有点不太明白您的意思，能不能麻烦您再解释一下？"在提问的时候，尽可能地使自己的口气委婉，为了避免让客户产生"被质问""被否定""被瞧不起"的感觉，一定不要强行打断客户的话，或者用"但是，请您等一下"之类的语言来和客户对话。在说话时，要面带微笑！

3．**站在客户的立场上来解决问题**。客户的抱怨有时是小题大做，因为一个不起眼的小问题而抱怨不休，此时，你千万不要因为不重要就把问题放在一边，而应全力以赴地解决问题，让客户意识到你对他的重视。

在面对客户的抱怨和烦躁情绪的时候，如果能够做到上面的几点，你就可以了解客户抱怨的真相，从而驾驭客户的情绪。

我们都知道，一只发狂的老虎，让它不伤害你的唯一的办法，就是让它安静下来。其实一个处于烦躁情绪中的客户，就是一只"发怒的老虎"，你只有用心聆听，才可以使他烦躁不安的情绪得到宣泄。

专家指点

1. 和发脾气的客户发生争执，这不但不能够解决问题，反而会让你失去这个客户。

2. 无休止的辩论永远无法解决你与客户之间的矛盾，唯有聆听，才能让烦躁的客户安静下来。

察言观色，在倾听中准确无误地
把握成交的时机

有一家汽车公司，准备出一款新车型，想要选用一种皮料来装饰汽车的内部。经过筛选，有三家公司进入了汽车公司的考虑之中。三家皮料厂都向汽车公司提供了自己的样品。汽车公司董事会经过研究，决定请每一个厂商派一名代表，进行产品功能的讲解说明，然后决定与哪家公司签约。

三家厂商的代表都如约而至。但是，其中一名业务代表临时患了喉炎，无法长时间讲话，只能请汽车公司的采购部主任代为说明。

其他两个竞争者都滔滔不绝地介绍自己公司产品的优点、特点和市场竞争力。他们说完以后，由汽车公司各个部门的主管进行提问解答。

患喉炎的业务代表不能多说话，只能静静地听各个部门对另外两个谈判代表的提问。

在倾听中他发现，在皮料的所有问题中，汽车公司最看重的是"皮料的透气性好不好"，这个问题就是能不能成交的关键。汽车是奢侈品，每一个客户都希望得到最高级的享受，所以对皮料的透气性能要求相当严格。而他所在的公司最近刚从德国引进了一种新技术，可以对皮料进行技术上的处理，极大地增强了皮料的透气性。于是他告诉替自己进行产品说明的汽车采购部部长，在进行产品介绍的时候，着重讲解皮料的透气性能，并且指出，如果能够达成合作的协议，还可以根据汽车公司的需求，对皮料进行特殊处理，保证每一个买汽车的客户都能够满意！

最终这位不能说话的代表获得了1万张牛皮，总金额相当于800万元的大订单，这是他有生以来获得的最大的一笔订单。正因为他不能够张口说话，所以从倾听中找到了问题的根本，也从中抓住了成交的关键机会。

在公司的表功大会上，这位谈判代表说，自己是因祸得福，如果不是因为自己患了喉炎，绝对不可能拿到这笔大单。以前和客户沟通的过程中，他总是滔滔不绝，从来不会对客户进行察言观色，更不会去揣摩客户内心真正的想法和需求，因此也就没有做成过如此大的生意。

每个人都知道如何去倾听，对吗？如果倾听真的是一种与生俱来的能力，就如同吃饭和饮水那样简单，那为什么我们常常会在倾听中走神？又为什么对别人所提供的信息只留下一些模糊的印象呢？

原因在于大多数人并不把倾听视为一种重要的能力进行训练。倾听对于大多数普通人来说也许并不算什么，但对营销人员来说，学会倾听，并在倾听中准确把握成交的时机是销售工作中必备的能力。

在产品销售的过程中，销售人员是一个不可替代的角色。你不要企图守株待兔，期望客户主动告诉你他们的需求，你的工作就是诱导并鼓励客户开口说话，在他说话的过程中，让自己做到用心倾听，尽可能多地了解客户的信息，然后用自己敏锐的判断力来发现成交的信号，并准确无误地把握成交的时机。

营销人员与客户沟通交流，掌握信息是十分重要的。营销人员不仅要了解客户的目的、意图、打算，还要及时掌握不断出现的新情况、新问题。要想得到这些，就必须认真倾听，察言观色，在倾听中找到最适合成交的机会。

专家指点

1. 在倾听中准确把握成交的时机，这是销售工作中必备的能力。

2. 倾听，带给你的不仅是金钱，更是一种成功的机遇。